Dieses außergewöhnliche Buch kann auf eine bewegte Entstehungsgeschichte von nunmehr sechzig Jahren zurückblicken – und eine zerfledderte Broschüre mit Gedichten Lermontows markiert den Anfang: Für Karl Dedecius, der die Jahre von 1943 bis 1950 in sowjetischer Kriegsgefangenschaft verbrachte, wurde das Übersetzen russischer Gedichte zur Überlebensstrategie. Weil alle persönlichen Aufzeichnungen der Gefangenen konfisziert wurden, schuf er sich ein Tagebuch aus fremden Gedichten, und das Fremde wurde ihm zum Medium der eigenen Biographie. So entstand ein persönliches Buch und doch auch ein allgemeingültiges. Denn versammelt sind hier »junge« Dichter, im wörtlichen wie übertragenen Sinne – subversive Stimmen, die von Sehnsucht und Revolte, von politischem Umsturz und Neuerung sprechen, Stimmen voller Hoffnung, aber auch voller Wut, Lebensekel und Desillusionierung. Ihren oft stürmischen Lebensläufen widmet der Band aufschlußreiche Nachbemerkungen.

Karl Dedecius, geboren 1921 in Lodz, war nach der Entlassung aus sowjetischer Kriegsgefangenschaft als Theaterwissenschaftler, Redakteur und in einer Versicherung tätig. Daneben machte er sich als Übersetzer und Entdecker bedeutender polnischer und russischer Dichter einen Namen. 1979 initiierte er das Deutsche Polen-Institut in Darmstadt, dessen erster Direktor er wurde. Dedecius ist Träger zahlreicher deutscher und polnischer Auszeichnungen, 1990 wurde ihm der Friedenspreis des Deutschen Buchhandels verliehen.
»Ohne Zweifel können wenige Leute mit soviel Befriedigung auf ihr Leben zurückblicken und auf den Erfolg ihres Bemühens um Frieden und Versöhnung.« (Marion Gräfin Dönhoff in ›Die Zeit‹)

Karl Dedecius

Mein Rußland
in Gedichten

Deutscher Taschenbuch Verlag

Originalausgabe
Oktober 2003
Deutscher Taschenbuch Verlag GmbH & Co. KG,
München
www.dtv.de
© für diese Ausgabe:
2003 Deutscher Taschenbuch Verlag, München
Umschlagkonzept: Balk & Brumshagen
Umschlagbild: ›Porträt von Anna Akhmatova‹ (1914)
von Natan Issajevič Al'tman
(© The State Russian Museum/Corbis)
Gesetzt aus der Sabon und Sabon Cyrillic
Gesamtherstellung: Druckerei C. H. Beck, Nördlingen
Gedruckt auf säurefreiem, chlorfrei gebleichtem Papier
Printed in Germany · ISBN 3-423-13131-4

KARL DEDECIUS

Russische Gedichte zu lesen und zu verstehen habe ich in Stalingrad in sowjetischer Kriegsgefangenschaft (1943–1950) begonnen. Ich sah, wie wir, zu krank, um etwas zu tun, nur mit uns selbst beschäftigt, rasch, einer nach dem anderen in sich zusammenfielen, sich aufgaben, wie viele starben. Ich versuchte von meiner Hinfälligkeit abzusehen und »übertrug« das allgegenwärtige Elend mit Hilfe fremder Verse ins reinigend Poetische, das Weiterleben zu erleichtern.

Lange Zeit in der Lazarettbaracke, wurde mir auf meine Bitte hin von einer russischen Ärztin ein schmales Leseheft zugesteckt: mit Lermontows Gedichten. Ich konnte zwar noch nicht Russisch lesen, aber die Kenntnis zweier anderer slawischer Sprachen erleichterte mir den Zugang zu dieser dritten.

So war ich mit dem zerfledderten Broschürchen Tag und Nacht beschäftigt, solange ich schlaflos war, lernte Buchstabe für Buchstabe kennen, lernte allmählich lesen und verstehen – und fand die für mein psychosomatisches Unwohlsein wirksame Medizin: das Übersetzen.

Wieso Lermontow? In der leergeplünderten Steppe war nichts anderes zum Lesen aufzutreiben, sagte die Ärztin. Auch keine Grammatik und kein Wörterbuch. Man konnte nur das russische Lazarettpersonal fragen und Antworten wie Mosaiksteine mühsam zusammenfügen.

Lermontow war also der erste, und ich fing auch mit seinen frühesten Gedichten an, die er 1828 mit vierzehn Jahren geschrieben hatte. Sie waren mir leichter zugänglich, da ich als Schüler just im gleichen Alter mich mit ähnlich gearteten Gedichten – an polnischen Romantikern erzogen (Mickiewicz) – versucht hatte.

Ich suchte und untersuchte Parallelen. Das Heilverfahren war einfach. Indem ich an Lermontows Jugendwunden dachte, vergaß ich die eigenen. So kam ich mit der Zeit zu Kräften und lernte wieder aufrecht stehen und gehen. Mit Hilfe der fremden Versfüße, an den Krücken der Poesie.

Lermontows, und bedeutend später, etwa 1948, Puschkins Gedichte entsprachen in diesen Entwicklungs- und Krisenjahren meiner geistig-seelischen Verfassung. Deshalb waren mir auch die Entstehungsdaten der Gedichte wichtig, geschrieben von Goethes Zeit- und von meinen Altersgenossen. Wo gab es Ähnlichkeiten zu entdecken, wo Unterschiede? Wo fand man sich bestätigt, wo widersprochen?

Da mir meine eigenen Aufzeichnungen beim routinemäßigen »Filzen« vom Politoffizier immer wieder konfisziert wurden, kam ich auf die Idee, mein Gefangenen-Tagebuch anders, mit Hilfe russischer Gedichte, die mir nicht weggenommen wurden, zu schreiben. Das ergab eine innere Teilansicht von Rußland und zugleich eine von mir in Rußland.

Die Dichter-Gegensatzpaare formierten sich in meiner Auswahl von selbst. Sie waren Spiegelbild der erfahrenen Extreme: Härte des Regimes und Weichheit und Wärme der Menschen. Unbefriedigter Lebenshunger und reales Leid in der Zwangssituation der Nichtangepaßten; bis zur Todessehnsucht.

Puschkin und Lermontow, beide grundverschieden, beide in jungen (der erste mit 38, der zweite mit 27) Jahren auf gleiche Weise als »Sklaven der Ehre« (Majakowskij) im Duell getötet.

Blok und Achmatowa, emotional und intellektuell unterschiedliche Vertreter der inneren Emigration, beide Opfer der für sie inakzeptablen Revolution.

Jessenin und Majakowskij, der eine Nachkomme des alten, untergehenden, bäuerlich-gläubigen, demutsvollen

Rußlands der Zaren und der Popen; der andere Bekenner und Beschreiber des aufkommenden städtischen, proletarisch-revolutionären Ferments unter Lenin und Stalin; beide krasse soziale Gegensätze, aber mit gleicher Endkonsequenz ihrer privaten und politischen Enttäuschung und Resignation: dem Selbstmord.

Schließlich Brodskij und Ajgi, verfemte Andersdenkende nach 1945. Der erste zwangsexiliert und in Amerika zu höchsten Ehren gekommen (Nobelpreis, Professuren), der zweite, Ajgi, Nachkomme der heidnischen »Weißen Hunnen«, Tschuwasche, Bürger der Autonomen Tschuwaschischen Republik (1,5 Millionen Einwohner) an der mittleren Wolga. Ich folgte diesen Spuren – ihren Stimmen – und fand mich durch diese gewarnt, belehrt, bestärkt; aus der Gefangenenapathie zu neuen Energien befreit. Genesen.

Meine Übertragungsproben waren zugleich Ausdrucksübungen. Etüden der sprachlichen Verwandlungsfähigkeit, der Erfahrung unterschiedlicher Sprechweisen zur Erschließung verschiedener Epochen, Zeugenaussagen, Charaktere, Schicksale: klassisch-romantisch (Puschkin–Lermontow), symbolistisch-akmeistisch (Blok–Achmatowa), imaginistisch-futuro/soz/realistisch (Jessenin–Majakowskij) und metaklassizistisch-postmodernistisch (Brodskij–Ajgi). Sie lehrten mich die Partituren mehrerer Instrumente lesen – und hören. Das Übersetzen wurde zum extern-internen Studium des Verstehens anderer, anderer Völker, anderer Zeiten; der Voraussetzungen des Zusammenlebens in Europa.

K. D.

Aleksandr Sergejewitsch Puschkin

(1799–1837)

К ЧААДАЕВУ

Любви, надежды, тихой славы
Недолго нежил нас обман,
Исчезли юные забавы,
Как сон, как утренний туман;
Но в нас горит еще желанье,
Под гнетом власти роковой
Нетерпеливою душой
Отчизны внемлем призыванье.
Мы ждем с томленьем упованья
Минуты вольности святой,
Как ждет любовник молодой
Минуты верного свиданья.
Пока свободою горим,
Пока сердца для чести живы,
Мой друг, отчизне посвятим
Души прекрасные порывы!
Товарищ, верь: взойдет она,
Звезда пленительного счастья,
Россия вспрянет ото сна,
И иа обломках самовластья
Напишут наши имена!

AN TSCHAADAJEW

Vorbei der Jugendzeit Vergnügen,
Wie Morgendunst, wie Traumgeräusch,
Die Liebe, Hoffnung, Ruhmsucht trügen,
Sie haben uns nur kurz getäuscht.
Ein Wunsch beseelt uns dennoch ganz
Im Joch fataler Obrigkeiten,
Der unduldsame Geist will streiten,
Er hört den Ruf des Vaterlands.
Zutiefst erregt, bald frei zu sein,
Sind wir, von Zuversicht durchdrungen,
So wie die frisch verliebten Jungen
Im Warten auf ein Stelldichein.
Solange gegen Tyranneien
Das freie Herz noch schlägt in uns,
Wolln wir dem Vaterlande weihen,
Mein Freund, die Ehre unsrer Kunst!
Glaub, Kamerad: Er geht bald auf,
Der Stern der wunderbaren Freuden,
Das Land erwacht zu neuem Lauf;
Dann werden unsre Namen läuten
Auf des Despoten Trümmerhauf!

1818, geschrieben mit neunzehn Jahren

AN WJASEMSKIJ

Ist es der Seele Gruft, das Meer,
Was dein Genie in Glut versetzt?
Mit goldner Lyra rühmst du jetzt
Neptunis dreigezackten Speer.

Rühme ihn nicht. In unsrer Zeit
Der Schmach ist er wie jedermann,
Zu allem Menschlichen bereit –
Verräter, Sklave und Tyrann.

1826, geschrieben mit siebenundzwanzig Jahren

DER DICHTER

Solang Apollo nicht den Dichter
Zu hohem Opfergang beruft,
Wird er der Welt Geschäft verrichten
In ihrer engen Sorgengruft.
Stumm bleibt der Segen seiner Stimmen,
Die Seele kalt, verschlafen, seicht,
Unter der Menschenbrut, der schlimmen,
Ist er die schlimmste dann, vielleicht.

Doch kaum daß hohe Laute dringen
An das sensible Ohr zur Nacht,
Hebt seine Seele ihre Schwingen
Gleich einem Adler, der erwacht.
Der Spaß der Welt ist ihm zuwider,
Ihrem Gerede weicht er aus,
Nie beugt sein stolzes Haupt sich nieder
Des Pöbels Götzen im Applaus.
Der Scheue flieht vor dem, was blendet,
Erfüllt von Tönen und verwirrt,
An menschenleere Meeresstrände,
In Haine, wo ihn nichts beirrt.

1827, geschrieben mit achtundzwanzig Jahren

An J. N. Uschakowa

Trennt uns beide das Geschick,
Sind wir dennoch unzertrennlich;
Dunkle Lippen, dunkler Blick
Wirken in mir lebenslänglich.

Ende ich auch ungemach,
Will ich keinen Trost auf Erden;
Fliegt mir nur Ihr Seufzer nach,
Wenn sie mich mal hängen werden.

1827, geschrieben mit achtundzwanzig Jahren

26. MAI 1828

Leben? Eine Zufallsgabe
Ohne Nutzen, ohne Grund.
Wenn ich auch zu sterben habe
Durch geheimen Spruch, na und?

Welche feindlichen Gewalten
Riefen aus dem Nichts mich her,
Mich, von Leidenschaft gespalten,
Voller Zweifel und Begehr? ...

Sehe vor mir keine Ziele,
Hohl das Herz, der Geist liegt brach.
Nichts als Schwermut, Trauerspiele.
Leben? Monoton und flach.

1828, geschrieben mit neunundzwanzig Jahren

TATJANAS LIEBESBRIEF AN ONJEGIN

»Ich schreibe Ihnen – braucht es mehr denn?
Könnte mein Mut noch offner sein?
Ob Sie mich jetzt verachten werden –
An Ihrem Willen liegt's allein.
Doch wenn mein Schicksal, voll Beschwerden,
Sie rührt und an Ihr Mitleid spricht,
O dann verachten Sie mich nicht.
Ich wollte schweigen im Momente;
O glauben Sie mir, meine Scham
Hätte sich niemals aufgetan,
Wenn ich die Hoffnung haben könnte,
Nur selten, einmal wöchentlich,
Im Dorfe hier gelegentlich
Ihnen zu lauschen, Sie zu sehen,
Zu sprechen und dann Tag und Nacht
Auf eines denkend nur bedacht
Bis zu dem nächsten Wiedersehen.
Man sagt, Sie seien menschenscheu,
Von Langeweile stets benommen,
Und wir . . . bei uns ist auch nichts neu,
Doch sind Sie herzlich uns willkommen.

Warum besuchten Sie uns nur?
Mir bliebe fremd die Qual der Liebe
Inmitten friedlicher Natur,
Wenn Sie mir unbekannt geblieben.
Beruhigt hätten sich die Triebe
Der Seele mit der Zeit, wer weiß,
Ich fände einen Freund fürs Leben
Und wäre Gattin, treu ergeben,
Und eine Mutter voller Fleiß.

Ein andrer! ... Nein, kein Mensch hinieden
Kann Herr in meinem Herzen sein!
So ist im Hohen Rat beschieden
Des Himmels Wille: Ich bin Dein!
Mein Sein war nur ein Warten eben
Auf Dein Erscheinen; Gottes Geist
Hat Dich fürs Leben mir gegeben,
Damit Du mein Beschützer seist ...

Du kamst in Träumen auf mich nieder,
Unsichtbar warst Du mir schon lieb,
Dein Zauberblick mich quälend trieb,
Und Deine Stimme sang mir Lieder
Schon längst ... – Das war kein Träumen mehr!
Kaum tratst Du ein, und ich erkannte
Dich augenblicklich, bebte, brannte,
Rief in Gedanken: das ist Er!
Ist es nicht wahr? Wir sprachen sachte,
Ich lauschte Dir, zu jener Zeit,
Als ich den Armen Hilfe brachte
Und betend zu erquicken dachte
Der Seele und der Sehnsucht Leid.
Warst Du es nicht, der meiner Meinung
Als die beglückende Erscheinung
In klarer Nacht sich offenbart,
Sich an mein Kissen leise schmiegte
Und mich in Trost und Liebe wiegte,
Mir Hoffnungsworte flüsternd, zart?

Wer bist Du, Hüter meinem Glücke,
Ob Engel, ob Verführertücke,
Entscheide meines Herzens Zwist.
Kann sein, daß alles meiner Seele,
Die unerfahren, Täuschung ist ...

Sei wie es sei, wenn ich auch fehle,
Was mich betrifft, von nun ab bin
Ich und mein Schicksal ganz Dein eigen.
Ich weine Tränen vor Dich hin
Und fleh Dich an, mir Schutz zu zeigen ...

Stelle Dir vor: Ich bin allein
Und niemand will mich hier verstehen,
Meine Vernunft scheint zu vergehen,
Soll ich im Sterben schweigsam sein?
Ich wart auf Dich: Mit einem Blicke
Belebe Du mein hoffend Herz.
Doch tadelst Du mich, dann ersticke
Des schweren Traumes Lust und Schmerz!

Ich schließe! Schrecklich jedes Wort,
Ich sterbe fast vor Scham und Grauen ...
Nur Ihre Ehre sei mein Hort,
Ihr will ich frei mich anvertrauen ...«

1830, geschrieben mit einunddreißig Jahren

O FREUNDE, WIE ICH WAR*

Tel j'étais autrefois et tel je suis encore

O Freunde, wie ich war, so bin ich auch noch jetzt;
Ihr wißt, wie Liebelei und Leichtsinn mich gehetzt.
Wie könnt ich teilnahmslos die Schönheit jemals blicken,
Ohne Erregung, ohne heimliches Entzücken?

Hat denn mit mir die Liebe wenig noch gespielt,
Quält' ich mich nicht genug, ein Habicht, jung und wild,
Gefangener in Amors heimtückischen Netzen?
Doch unverbesserlich, trotz hundertfach Verletzen,
Bete ich mein Gebet schon wieder – neuen Götzen ...

1828, geschrieben mit neunundzwanzig Jahren

EPIGRAMM

So sind nun mal seit je die Welten,
Daß sie sich ändern, bleibt ein Traum.
Viele Gelehrte – Kluge? Selten.
Viele Bekannte – Freunde? Kaum!

ohne Datum, Puschkin zugeschrieben

Michail Jurjewitsch Lermontow

(1814–1841)

РУССКАЯ МЕЛОДИЯ

1

В уме своем я создал мир иной
И образов иных существованье;
Я цепью их связал между собой,
Я дал им вид, но ие дал им названья;
Вдруг зимних бурь раздался грозный вой, –
И рушилось неверное созданье! ...

2

Так перед праздною толпой
И с балалайкою народной
Сидит в тени певец простой,
И бескорыстный, и свободный! ...

3

Он громкий звук внезапно раздает,
В честь девы, милой сердцу и прекрасной,
И звук внезапно струны оборвет,
И слышится начало песни! – но напрасно! –
Никто конца ее не допоет! ...

Russische Melodie

1

Ich schuf im Geist mir eine andre Welt,
Schuf andre Bilder meinem Lebensrahmen,
Band alles fest, daß es zusammenhält,
Und gab ihm Antlitz, aber keinen Namen;
Da kam ein Sturm darauf herabgeschnellt –
Und meine schwanken Schöpfungen verkamen! …

2

So sitzt vor einer dumpfen Menge
Bei seinen Balalaikaklängen
Der Sänger freier Volksgesänge
Bescheiden in der Schattenenge! …

3

Und plötzlich wollen seine Finger rascher gleiten,
Um einen vollen Klang an sein Idol zu richten –
Da reißt der starke Ton entzwei ihm seine Saiten,
Das Liebeslied begann! – doch aber und mitnichten! –
Denn niemand wird es hier zu Ende je begleiten! …

1830, geschrieben mit sechzehn Jahren

MONOLOG

Glaub mir, die Unbedeutung ist ein wahrer Segen
Auf dieser Welt. Wozu Erkenntnistiefe, Ehrgeiz,
Begabung und die heiße Freiheitsliebe,
Wenn wir das alles doch nicht brauchen können?
Wir sind, des Nordens Kinder, wie die hiesigen Gewächse,
Wir blühen kurz, um bald dahinzuwelken ...
Bewölkt ist unser Dasein wie die Wintersonne
Am grauen Firmament und ach so flüchtig
Sein immer gleiches monotones Fließen ...
Selbst in der Heimat scheint es uns zu eng,
Das Herz ist schwer und unsre Seele sehnt sich ...
Wir kennen keine Liebe, keine Freundschaft,
In tauben Stürmen schmachtet unsre Jugend,
Und schnell umnachtet sie das Gift der Bosheit,
Und bitter schmeckt des abgestandnen Lebens
Pokal; und nichts mehr unsre Seele freut.

1829, geschrieben mit fünfzehn Jahren

GEBET

Verzeih mir, Herr der Menschenherde,
Und strafe nicht, ich fleh dich an,
Dafür, daß ich der dunklen Erde
Mit ihren Stürmen untertan;
Dafür, daß meine Seele selten
Von deinem Wort erhoben wird,
Daß mein Verstand in weiten Welten
Und fern von dir alleine irrt;
Daß die Erleuchtung Lavagüsse
In meinem Busen kochen macht;
Daß wilde Leiden und Genüsse
Verhängen meinen Blick mit Nacht;
Dafür, daß mir die Erde enge
Und deine Nähe fürchterlich,
Daß meine sündigen Gesänge
Anbeten oft, mein Gott, nicht dich.

Doch lösche mir die Wunderflamme,
Den nimmersatten Scheiterhauf,
Zu einem Stein das Herz verdamme
Und halt den Hungerblick mir auf;
Befreie mich vom Zwang zu singen,
Mein Schöpfer, diesem bittren Glück,
Dann komme ich zu deinen Dingen
Den schmalen Pfad des Heils zurück.

1829, geschrieben mit fünfzehn Jahren

FRÜHLING

Wenn frühlings das gebrochne Eis
Auf dem bewegten Strome gleißt,
Wenn auf den Wiesen stellenweise
Die nackte Erde schwarz erglänzt
Und Nebelschwaden sie umkreisen,
Die Felder jung im ersten Lenz,
Dann wird ein böser Traum Bezwinger
Meiner naiven Einbildung;
Ich sehe, die Natur wird jünger,
Allein die Seele wird nicht jung.
Der stille Schein von roten Flammen
Entführt die Zeiten mit sich mit,
Und Liebe wird nie mehr entstammen
Dem Herzen, das so lange litt.

1830, geschrieben mit sechzehn Jahren

STURM

Das Wetter tobt, die Wolken rauchen
Über dem dunklen Meeresraum,
Die Wellen drängen, peitschen, tauchen
Und türmen kochend ihren Schaum.
Die Felsen, wie mit Feuerschnüren,
Umschlingt des Blitzes Trauerschein,
Die Elemente rebellieren –
Und hier behagt es mir zu sein.

Ich steh – es fürchtet nicht das Beben
Der überirdischen Gefahr,
Wer sich dem Leben hingegeben
Und der betrogen von ihm war.
Auch wenn Verleumdung ihn umschleiche
Mit ihrem Gifte immerzu,
Wie um den Fels du teufelsgleiche
Verhängnis-Flamme schleichst auch du.

O nein! – streck deine Flügel, Feuer,
Pfeift los, ihr Winde, um mein Haupt;
Ich bin gelassen und geheuer,
Für alles Beben kühl und taub.

1830, geschrieben mit sechzehn Jahren

JÜDISCHE MELODIE

Ich sah manchmal und gern, wie der nächtliche Stern
    Im Wasser sich spiegelt und strahlt;
Wie er flittert im Laub, wie sein silberner Staub
    Mit Funken die Flächen bemalt.

Doch du jage ihn nicht, keine List greift sein Licht:
    Es täuschen nur Welle und Schein.
Fällt dein Schatten auf ihn, ist das Lichtspiel dahin,
    Gehst du fort – er glänzt wieder rein.

Und so täuscht es auch uns unter eiskaltem Dunst,
    Das Trugbild vom strahlenden Glück;
Willst du's fassen – es flieht und es narrt dein Gemüt!
    Bist betrogen du – kehrt es zurück.

1830, geschrieben mit sechzehn Jahren

30. JULI. – (PARIS). DES JAHRES 1830

Du wärst der beste König. Doch
Du wolltest nicht. – Nahmst dir das Recht,
Das Volk zu foltern unterm Joch.
Du kanntest die Franzosen schlecht!
Auch Zaren kommen vors Gericht.
Es hat dein Ende proklamiert;
Nun bebt dein Haupt, du feiger Wicht,
Der fliehend seinen Kranz verliert.

Und so entflammte diese Schlacht,
Der Freiheit Banner, wie ein Geist,
Weht vor der stolzen Massenmacht,
Ein Ruf in allen Ohren kreist;
Und in Paris da fließt jetzt Blut.
Womit bezahlst du es, Tyrann,
Das echte und gerechte Blut
Von Menschen, Blut vom Bürgersmann!

Und wenn das letzte Horn erst ruft,
Der Himmel auseinandergeht,
Wenn sich dann öffnet jede Gruft
Und jeder Tote aufersteht;
Und wenn sich noch die Waage zeigt,
Die Er, der Richter, hoch erhebt …
Ob dann dein Haar zu Berge steigt?
Ob deine Hand wohl dann erbebt? …

Was bist du, Narr, an diesem Tag,
Ist deine Schmach schon heut so groß?
Der Hölle Spott, ein Schatten, Wrack,
Gespenst, betrogen durch sein Los!

Unsterblich totgeschlagen muß
Dein Blick um Gnade flehn, um Huld;
Die Menge wird aus voller Brust
Doch brüllen: Er ist schuld! Ist schuld!

1830, geschrieben mit sechzehn Jahren

N. I. POLIWANOW INS ALBUM
AM 23. MÄRZ 1831

Hör zu, mein Freund, gedenke mein,
Wenn ich, verurteilt vom Gesetze,
Mal in der Fremde werde sein –
Verbannt, in dunkler Macht der Hetze.

Und wirst du später, irgendwann,
Um Mitternacht, im Kerzenscheine,
Allein und schlaflos sein ... Wenn dann
Die Seele seufzt, die Augen weinen;

Dann sage bitte: Hier saß er
Einmal, in solchem Augenblick,
Vom Leid zerfurcht, gedankenschwer,
Und wartete auf sein Geschick!

1831, geschrieben mit siebzehn Jahren

AM 11. JUNI DES JAHRES 1831

1

Ich weiß es noch, ich war ein kleiner Held,
Da hat mein Herz nach Wundern schon gestrebt,
Ich liebte mehr die Scheinwelt als die Welt,
In der ich nur minutenlang gelebt;
Mit diesen Augenblicken voller Qual
Belebte ich als Kind so manches Mal
Geheime Träume. Aber meinen Traum
So wie die Welt verdunkelten sie kaum.

2

Wie oft erlebte im Gedankenflug
Ich neues Leben, Zeiten neuer Art,
Vergaß die Erde dann – und oft genug
Hat sich die trübe Träumerei gepaart
Mit meinen Tränen; aber niemals glich
Den Bildern, die aus Haß und Liebe ich
Geschaffen habe, irdisches Geschlecht.
O nein! Da waren Gott und Teufel echt.

3

Doch dieser Zwist uns unaussprechlich bleibt.
Der Menschenzunge fehlt die Ausdruckskraft,
Die jeden Wunsch nach Seligkeit beschreibt.
Ich fühle wohl die Glut der Leidenschaft
Gesteigerter Gefühle, doch kein Wort
Ich dafür finde und ich bin sofort
Bereit, mich hinzuopfern für die Lust,
Es mitzuteilen einer zweiten Brust.

4

Was ist Berühmtheit oder was ist Ruhm? –
Und trotzdem bin ich ganz in ihrer Macht;
Sie zwingen alles mich für sie zu tun,
Und so vergehen qualvoll Tag und Nacht,
Allein und ziellos, vom Verrat umspäht;
Doch glaub ich ihnen! – irgendein Prophet
Versprach Unsterblichkeit mir und ich gab
Dem Tode dafür meine ganze Hab.

5

Für Himmelssöhne ist kein Grab bestellt.
Bin ich mal Staub, wird meine Träumerei,
Noch unverstanden, dennoch alle Welt
Verwundert segnen; und du, Engel mein,
Bleibst bei mir, denn dem unsterblichen Sein
Gibt meine Liebe wieder dich anheim;
Mit meinem Namen wirst auch du genannt:
Wozu entzweien, was der Tod verband?

6

Die Menschen sind gerecht zu dem, der fiel;
Zu Vaters Feinden sich der Sohn bekennt.
Um das zu wissen, braucht es gar nicht viel,
Kein graues Alter. Alles geht zu End;
Der Mensch lebt kurz, fast wie die Blütenzeit;
Er ist, verglichen mit der Ewigkeit,
Genauso nichtig. Einzig und allein
Unsterblich müßte seine Seele sein.

7

So sind auch ihre Werke. Ab und zu,
Vergessen und allein am Wasserstrand,
Da schaute ich dem Lauf des Flusses zu,
Des schnellen, der sich blau zu Wellen wand.
Wie zischte über ihm der weiße Schaum;
Und ich sah hin und dachte dabei kaum
An etwas anderes; der Wüste Lied
Zerstreute mein besinnliches Gemüt.

8

Hier war ich glücklich ... könnte ich doch nur
Das Unvergeßliche vergessen! Frauenblick!
Den Grund von Tränen, Torheit und Tortur!
Doch längst hat ihn ein anderer bestrickt.
Auch mich hält zart ein neuer Liebesbann,
Ich möchte lieben, – fleh den Himmel an
Um neue Qualen, doch was ich verlor
Lebt als Phantom im Busen nach wie vor.

9

Hier bangt kein Mensch um mich, ich bin verwaist
Und falle nur zur Last mir selbst, der Welt;
Um meine Stirn das Irrlicht Wehmut kreist,
Ich bin so kalt und stolz; sogar vergällt
Erscheine ich der Menge; aber muß
Sie denn so frech durchdringen meine Brust?
Sie sucht, ob sie Geheimes dort erreicht?
Ob Feuer oder Nacht – ist ihr doch gleich.

10

Am Himmel zieht ein dunkles Wolkenschiff,
Die Flamme lauert dort, – des Schicksals Quell;
Sie reißt sich los und alles, was sie trifft,
Verwandelt sie in Staub. Wie seltsam schnell
Sie aufblitzt und sich gleich unsichtbar macht;
Und wer erklärt, was ihren Kern entfacht,
Und wer schaut in den Wolkenschoß hinein?
Wozu? bald wird auch er zerronnen sein.

11

Die Zukunft flößt dem Busen Ängste ein.
Wenn dieses Leben endet, wo wird dann
Die Seele irren müssen, ob ich mein
Allteuerstes dort wiederfinden kann?
Doch wer mich einst geliebt, der hört mich wohl
Und der erkennt die Stimme ... Sehnsuchtsvoll
Begreife ich, daß so zu lieben Wahn,
Und daß ich niemals anders lieben kann.

12

Der Liebe trauen viele nicht so recht,
Das ist ihr Glück; für andre ist sie ein
Geheimer Wunsch, geboren im Geschlecht,
Verstimmung des Gehirns, geträumter Schein.
Ich kann sie nicht bestimmen, ich weiß nur,
Zu lieben ist ein Zwang meiner Natur,
Sie ist, die stärkste, meine Leidenschaft! –
Ich liebte stets mit ganzer Seelenkraft.

13

Bis jetzt hat mich noch kein Betrug belehrt.
Das Herz war ohne Leidenschaften hohl,
Tief in den Herzenswunden stak das Schwert
Der Liebe, meiner Jugendzeit Idol;
So ähnlich wächst aus einem Steinruin
Zuweilen eine junge Birke grün,
Belebt die Blicke hell mit Freudenschein
Und schmückt den ewig trüben Felsenstein.

14

Ein fremder Wandersmann beweint ihr Los.
Den Stürmen und den Gluten ausgesetzt,
Steht schutzlos sie und aller Hilfe bloß,
Und welkt dann viel zu früh zu guter Letzt;
Doch niemals sich vom Sturm entwurzeln läßt
Mein eigner Birkenbaum, denn er steht fest;
Ein wundes Herz nur kennt die Urgewalt
Der Leidenschaften ohne Rast und Halt.

15

Die stolze Seele wird mir niemals kühl
Und müde unter ihrer Lebenslast;
Das Schicksal tötet nicht ihr Hochgefühl,
Macht nur rebellisch; denn ihr ist verhaßt
Das Unbesiegbare, sie ist bereit
Ein Leid zu tun, obgleich zu gleicher Zeit
Sie Tausenden das Glück bereiten könnt;
Gott oder Teufel sind ihr Element ...

16

Wie sehr gefiel mir stets das Steppenland.
Die nackten Hügel und des Windes Lied,
Der wilde Geier, der im Blau verschwand,
Der Wolkenschatten, der das Feld durchzieht.
Die freie Herde kennt hier keinen Zwang.
Den Vogelräuber freut sein Flug entlang
Des hohen Himmels, und das Wölkchen taucht
Viel freier irgendwie und heller auch.

17

Der Ewigkeitsgedanke plötzlich dann
Bewältigt riesenhaft den Intellekt,
Wenn vor den Augen sich der Ozean
Der Steppe blau und uferlos erstreckt;
Ein jeder Ton der Harmonie im All,
Mit Leid und Freud, zeugt in uns Widerhall
Und wird verständlich, und wir können nun
Die Rechenschaft des eignen Schicksals tun.

18

Wenn du den wilden Berg geklettert bist
Zu dieser Stunde, wenn der Tag sich neigt
Und du das Abendrot im Westen siehst,
Die Nacht im Osten, wo ihr Schatten steigt,
Den Nebel unten, dürres Gras, Gestein,
Umringt von herrlich hohen Bergesreihn,
Die Wolken, die da stehn wie nach dem Sturm
Und seltsam leuchtet jeder Gipfelturm,

19

Dann quillt das Herz, voll der Vergangenheit,
Und schlägt sehr stark; ein Traum entflammt, erweckt
Zum Leben das Gerippe alter Zeit,
In dem jetzt fast die gleiche Schönheit steckt.
So sehn wir gern das eigene Porträt;
Auch wenn ihm längst die Ähnlichkeit entgeht,
So hält die Leinwand fest der Augen Kraft,
Die Leidenschaft und Zeit dahingerafft.

20

Gibt's Schöneres als stolze Berge, die,
Hier schneeumhüllt, wie Pyramiden alt?
Es ändert ihren Hochmut nichts und nie,
Nicht Schmach und auch nicht Ruhm der Staatsgewalt;
Ihr Arm zerreißt die Wolken, dunkel meist,
Und ihre Gipfel, die der Blitz umkreist,
Befürchten nichts. Wer nah am Himmel war,
Den schreckt nicht mehr die irdische Gefahr.

21

Wie traurig ist die Steppe, wo sich nur
Die silbergraue Distel einsam wiegt,
Wo sich der Wind herabläßt auf die Flur,
Der Staub, von ihm getrieben, freier fliegt;
Und wo ringsum, wie scharf dein Blick auch sei,
Du nur zwei Birken siehst, vielleicht auch drei,
Die abends dann im blauen Nebelflaum
Sich schwarz erheben aus dem öden Raum.

22

Ein Leben ohne Kampf ist trostlos leer.
Ein Blick zurück vermißt dann und bereut
Die nicht vollbrachten Taten, und nachher
Bleibt im Gedächtnis wenig, was uns freut.
Ich muß stets wirken, möchte jeden Tag
Unsterblich machen, zu einem Ertrag,
Zu einer Spur von großem Heldengeist,
Und ich begreife nicht, was Ruhe heißt.

23

In meinem Kopf da brodelt es und reift.
Die Sehnsucht, Wünsche, rastlos wie ein Sturz,
Erschüttern mich zutiefst, mein Geist begreift,
Daß dieses Leben für ihn viel zu kurz.
So bange ich, mir reiche nicht die Zeit,
Um etwas zu vollenden! – Tiefstes Leid
Ist nicht so stark wie diese Angst und Hast,
Ist mir das Leben andrer auch verhaßt.

24

Es gibt wohl eine Zeit, da der Verstand
Vereist ist und die Seele unbewußt
Gedanken hat, die Schlafsucht übermannt;
Das ist das Halblicht zwischen Leid und Lust,
Unser Gemüt beengt uns, wie ein Grab,
Das Leben widert an, der Tod schreckt ab,
Dabei sind allen Übels Wurzel wir,
Der Himmel, ohne Schuld, kann nichts dafür.

25

An diesen Zustand hab ich mich gewöhnt,
Doch klar ihn auszudrücken kann kein Laut,
Ob er dämonisch oder himmlisch tönt:
So eine Unrast ist ihm nicht vertraut,
Weil er entweder falsch ist oder rein.
Im Menschen aber kommen überein
Das Heilige mit dem Verfluchten und
Sein ganzes Unheil stammt von diesem Bund.

26

Noch nie bekam der Mensch, was er gewollt,
Was er geliebt, sogar wer auserwählt
Vom Himmel als ein Glückskind gelten sollt,
Auch er hat ein Gedächtnis, das ihn quält,
Und er begreift, er könnte glücklich sein,
Goß ihm das Schicksal nicht ein Gift hinein
In seine Hoffnung. Keine Welle fand
Bis jetzt den Weg zurück zu ihrem Strand.

27

Wenn sie, von Schicksalsstürmen heimgesucht,
Erbraust und jagt mit ihrem weißen Schaum,
Gedenkt sie stets noch ihrer Heimatbucht,
Wo sie geschäumt im Schutz vom Schilfgeraun.
Und es kann sein, daß sie dann wieder sticht
In eine andre Bucht, doch findet nicht
Dort ihre Ruh: Wer sich verlor im Meer,
Erlebt wohl keinen Uferfrieden mehr.

28

Mein Ende sehe ich voraus, mein Los,
Und frühe Trauer zeichnet mein Gesicht;
Wie ich mich quäle, weiß der Schöpfer bloß,
Die gleichgültige Welt, sie muß es nicht.
Ich sterbe ja nicht ganz, so fürchterlich
Mein Tod auch sein wird, wundern wird man sich
In fremden Ländern, nur im Vaterland
Bleib ich verdammt von allen und verkannt.

29

Von allen? Nein: es gibt ein Wesen hier,
Das fähig ist zu lieben, doch bis heut
Fehlt ihm der Glaube, es gehört nicht mir,
Und trotzdem findet niemals ihre Freud
An den Gerüchten dieses Feuerherz.
Zu meinen Worten schaut es himmelwärts,
Und dieser Blick, der jetzt so froh und rein,
Wird eines Tags umsonst voll Tränen sein.

30

Es wartet hier auf mich ein blutig Grab,
Ein Grab ohne Gebet und ohne Kreuz,
Ein Strom stürzt wild an ihm vorbei, hinab,
Bedeckt vom trüben Himmel; wer bereut's,
Daß ich so gottverlassen? Wohl nur der,
Den aus der Ferne ein Gerücht hierher
Gelockt und der aus Neugier auf dem Stein
Zuweilen ausruht, um mir nah zu sein.

31

Und sagen wird er: Warum blieb er nur,
Der Unverstandene, so fremd, allein,
Und warum ließ kein Liebesgruß und -schwur
Ihn wieder hoffend, wieder glaubend sein?
Er hätt's verdient. Und tiefe Traurigkeit
Wird ihn erschüttern, blickend in die Weit,
Wird er die Wolken sehn, die Wellenbahn,
Das weiße Segel und den schnellen Kahn.

32

Und auch mein Grab! – wie ähneln diesem Bild
Meine geliebten Träume. Süßigkeit
Liegt da in allem, was noch unerfüllt, –
Und Schönheit, aber unerreichbar weit
Sind sie dem Ausdruck: der Gedanke sprießt
Wohl stark, wenn ihn der Wortschatz nicht umschließt,
Wenn er so frei, als wie ein Kinderspiel,
Wie Harfenklang, der in die Nachtruh fiel!

1831, geschrieben mit siebzehn Jahren

ROMANZE FÜR I . . .

Wenn ich mal in die Fremde trage
Unter des Südens Himmelszelt
Des bitterbösen Kummers Klage,
Die Träumerei, die mich geprellt,
Und Menschen mich mit ihrem Hasse
Voll Gift verdammen obendrein,
Wirst Du denn vor der kalten Masse,
Die herzlos, mein Beschützer sein?

*

O sei! . . . gedenke unsrer Jugend,
Des Opfers der Verleumderlust,
Und schwör! auf daß der Freude Tugend
Nicht gänzlich stirbt in meiner Brust,
Laß mich in der Verbannung sagen:
Ein Herz, der bessren Tage Pfand,
Hat sie gewürdigt, meine Plagen,
Sie nicht wie alle Welt verkannt! . . .

1831, geschrieben mit siebzehn Jahren

GESCHIEDEN LEBEN UND IN TRENNUNG STERBEN*

Geschieden leben und in Trennung sterben,
Ein schweres Los dem Vater und dem Sohn,
Sich Bürger nennen und dafür als Lohn
Sogar im Vaterland Verbannung erben!
Doch du, mein Vater, hast das Ziel erreicht,
Der Tod befreite dich aus der Affäre;
Gott gebe, daß mein Ende auch so leicht
Wie deins, der du durch mich gelitten, wäre!
Doch du verzeihst mir! Kann ich denn dafür,
Daß Menschen das, was lebenslänglich flammte
In meiner Seele, was vom Schöpfer stammte,
Das göttlich Feuer löschen wollten mir?
Umsonst hat man sich gegen uns verstiegen,
Wir wurden nicht zu Feinden, du und ich,
Nur beide Opfer grausamer Intrigen!
War's deine Schuld? Ich bin nicht das Gericht. –
Dich richtete die Welt. Was ist die Welt?
Mal schlecht, mal gut gelaunte Menschenmenge,
Die Sammlung unverdienter Lobgesänge,
Denen sich Spott und Fluch hinzugesellt.
Weit weg vom Geist des Himmels und der Hölle,
Vergaßt du sie, so wie sie dich vergaß,
Bist glücklicher als ich, befreit vom Haß,
So wie ein Lebensmeer sprießt dir die Quelle
Der Ewigkeit mit Tiefen ohne Maß.
Doch ist es wahr, kannst du jetzt nie bereuen
Die Tage, die vertan mit Angst und Leid?
Die dunkle doch zugleich so schöne Zeit,
Als du in Wüsten suchtest der Getreuen
Gefühle, alter Träume letzten Rest?
Ist's wahr, daß du mich nicht mehr liebhast jetzt? –

Wenn es so ist, dann will ich nicht vergleichen
Den Himmel mit der Erde, jämmerlich;
Wenn ich auch hier nie Seligkeit erreiche,
So allerletzten Endes liebe ich!

1831, geschrieben mit siebzehn Jahren

SILHOUETTE

Ich nahm dein Schattenbild mir vor,
Ich liebe seinen Trauerflor;
Es hängt an meiner Brust als Zier
So dunkel wie das Herz in ihr.

Die Augen leblos, ohne Schein,
Doch dafür sind sie ewig mein;
Ich liebe es, und ist es nur
Dein Schatten, meiner Liebe Spur.

1831, geschrieben mit siebzehn Jahren

TÖNE

Diese Töne! Regungslos den süßen
    Tönen lausche ich.
Himmel, Erde, Ewigkeit verfließen,
    Und am End auch ich.
O Allmächtiger! Die Töne! Lüstern
    Fängt das Herz sie auf,
Wie ein Wanderer in dürren Wüsten
    Einen Wasserlauf!
Wieder wecken sie in mir zum Leben
    Frohe Träumerei,
Ein Gewand der Gegenwart sie weben
    Allem, was vorbei.
Wenn die Töne mir als Bild erscheinen,
    Das ich liebgewann,
Höre ich das stille Trennungsweinen,
    Bin in seinem Bann ...
Und schon wieder macht mich sinnlos trunken
    Das, was aus und fort,
Und schon wieder bau ich in Gedanken
    Auf das Menschenwort.

1830-1831, geschrieben mit siebzehn Jahren

MEIN DÄMON

1

Sein Element ist alles Böse;
Wo er in dunklen Wolken haust,
Dort schmeichelt ihm das Sturmgetöse,
Wenn Eichen rauschen, Wasser braust;
Er mag der Nächte Trauerlauge,
Den blassen Mond, das trübe Land;
Das bittre Lächeln und das Auge,
Dem Traum und Tränen unbekannt.

2

Er lauscht dem nichtigen Gerede
Der kalten Welt so gern wie oft,
Begegnet höhnisch einem jeden,
Der etwas glaubt und etwas hofft;
Wo andere nach Liebe schmachten,
Dort lebt er nur vom Brot allein,
Sein Hochgenuß – der Rauch von Schlachten,
Das frisch vergoßne Blut – sein Wein.

3

Ein Kind kommt auf die Welt und ohne
Die Pein des Dämons bleibt es nicht,
Er ist dabei mit grimmem Hohne
Und wildem Hochmut im Gesicht;
Und wenn ein Mensch mit banger Seele
Im Sterben liegt, ist er dabei,
Damit er ihn noch einmal quäle,
Und nicht, daß er ihm Tröstung sei.

4

Es weicht das stolze Ungeheuer,
Solang ich lebe, nicht dahin,
Der Schein von seinem Hexenfeuer
Verblendet ständig meinen Sinn;
Er zeigt mir der Vollendung Bahnen
Und nimmt zugleich ihr Bild zurück,
Er läßt mich Seligkeiten ahnen,
Doch niemals schenkt er mir das Glück.

1830–1831, geschrieben mit siebzehn Jahren

O LASST MICH LEBEN!*

O laßt mich leben! Laßt mich leiden!
Zum Trotz der Liebe und der Lust;
Sie haben mich verwöhnt, die beiden,
Als ich von Sorgen nichts gewußt.
Es wäre Zeit dem Weltgelächter
Zu rauben seinen Ruhewahn;
Was wäre ohne Leid der Dichter?
Was ohne Sturm der Ozean?
Er lebt ja für den Preis der Qualen
Und Sorgen, um sein Eigentum,
Die Himmelsklänge zu bezahlen,
Umsonst bekommt er keinen Ruhm.

1832, geschrieben mit achtzehn Jahren

ICH SEH DAS MORGEN*

Ich seh das Morgen voller Schrecken,
Ich seh das Gestern voller Schmerz,
Ein Delinquent vor dem Vollstrecken
Sucht ähnlich ein vertrautes Herz,
Wie ich den Botschafter erwarte,
Zu deuten mir des Schicksals Karte.
Das Endziel dieser Schwierigkeit
Erfahren – was mir Gott bereitet,
Warum so bitter er vereitelt
Die Hoffnung meiner Jugendzeit.

Durch Hoffen, Lieben, Hassen gab ich
Der Erde ihren ird'schen Zoll;
Den Willen neu zu leben hab ich,
Ich warte stumm: das Maß ist voll;
Kein Bruder bleibt mir hier auf Erden,
Nur Nacht und Frost umarmen werden
Die müde Seele, welche einst,
Wie ohne Saft verfrühte Früchte
In Schicksalsstürmen jäh vernichtet,
Verwelkte in der Glut des Seins.

1837–1838, geschrieben mit vierundzwanzig Jahren

A. I. ODOJEWSKIJ ZU GEDENKEN

I

Ich kannte ihn; wir zogen einst zu zweit
Durch Bergeshöhn des Ostens ... redlich haben
Wir unserer Verbannung Leid geteilt,
Doch ich war heimgekehrt, mir schwand begraben
Im Strom des Lebens jene Prüfungszeit.
Doch er erlebte nicht die süße Wendung,
Jäh unterbrach die Krankheit seine Sendung,
Er starb im Lagerzelt allein und arm,
Ins Grab sank seiner flüggen Träume Schwarm,
Der unreif dunklen, dunkel wunderbaren,
An bittrem Leid und Mitleid lange schon erfahren!

2

Für sie war er geboren, für die Lust
Der Poesie, des Glücks ... doch er, vergebens,
Entlief dem Kindsein früh und unbewußt
Warf er sein Herz ins Meer des wilden Lebens.
Ihn rettete kein Gott und keine Welt!
Noch bis ans Ende, mitten in Gefahren
Der öden Wüste und der Menschenscharen,
Hat ihn die Flamme des Gefühls erhellt:
Den blauen Augenglanz hat nichts entstellt,
Sein kindlich Lachen, seinen stolzen Glauben
An neues Sein und Menschsein konnt ihm niemand rauben.

3

Er fiel von seinen Freunden fern, allein ...
Mein lieber Sascha, Friede deinem Herzen!
Ihm möge leicht die fremde Erde sein,
Es ruhe sanft, wie unsrer Freundschaft Schmerzen,
Mein Angedenken sei dein Friedhofshain!
Du bist gestorben so wie viele, leise,
Doch mit Bestimmtheit. Immer noch zog Kreise
Auf deiner Stirn geheimer Träume Troß,
Als dir der ewge Schlaf die Augen schloß;
Und das, was du gesprochen vor dem Gehen,
Das konnte keiner von den Lauschenden verstehen ...

4

War es ein Gruß, der deiner Heimat galt?
Der Name eines Freundes von uns beiden?
Die Sehnsucht nach der Jugend, die verhallt,
Vielleicht ganz einfach Schrei der letzten Leiden?
Wer sagt es uns? ... Verloren ging der Sinn
Der bitteren und tiefen letzten Laute,
Die du gesprochen ... Das dir Wohlvertraute,
Dein Tun und Denken – alles war dahin,
Wie leichter Wolkendunst im Abendwind:
Kaum leuchtet er, bald wird der Wind ihn tragen –
Wohin, wozu? woher? – wer kann die Wolken fragen ...

5

Am Himmel bleibt davon nicht eine Spur,
Wie von der hoffnungslosen Kinderliebe,
Wie von den Träumen, die kein Mensch erfuhr,
Auch nicht der Freund, damit er sie beschriebe ...
Wozu denn auch? Vergessen soll die Welt
Das ihr so ferne und so fremde Leben:
Was könnten dir schon ihre Kränze geben
Und ihre Dornen, Liebe oder Haß?
Du hast ihr nie gedient, du wußtest das
Intrigenjoch zu brechen, liebtest eigen
Des Meeres Rauschen und der blauen Steppe Schweigen –

6

Und des Gebirges dunklen scharfen Grat ...
Und rings an deinem unbekannten Grabe
Was dich zeitlebens freute, Kamerad,
Scheint sich hier wunderbar vereint zu haben:
Die Steppenweite schimmert blau und schweigt,
Vom Silberkranz des Kaukasus umwoben,
Der still am Meere schlummert und von oben
Sich wie ein Riese zu den Tiefen neigt,
Um den Gezeiten andächtig zu lauschen,
Und endlos dröhnt im Ohr des Schwarzen Meeres Rauschen.

1839, geschrieben mit fünfundzwanzig Jahren

AN A. O. SMIRNOWA

In meiner Herzenseinfalt wäre
Ich allzu gerne Ihnen nah,
Doch diese süßeste Schimäre
Verließ mich, als ich Sie nur sah.
Allein – wollt ich so vieles sagen,
Bei Ihnen – sitz ich nur herum:
Ihr strenges, schweigendes Betragen
Verwirrt mich und macht eigen stumm!
Was tun? – wie fülle ich die Leere,
Wo mir an Redekunst gebricht ...
Das alles wäre lächerlich,
Wenn es nicht gar so traurig wäre.

1840, geschrieben mit sechsundzwanzig Jahren

VATERLAND

Ich liebe wohl mein Vaterland, doch meine Liebe
　　Ist seltsam, die Vernunft bezwingt sie nicht!
　　　　Nicht bluterkaufter Ruhm noch Siege,
Noch Friede, mit der stolzen Zuversicht,
Auch nicht der dunklen Ahnenzeit vertraute Sagen
Erwecken je in mir ein traumhaftes Behagen.

　　Aber ich mag – weiß nicht wieso, wie sehr –
　　Der heimatlichen Steppen kühles Schweigen,
　　Wenn grenzenlose Wälder sich verneigen,
Wenn unsre Flüsse fluten, wie ein Meer;
Ich mag den Holperweg durchs Dorf zu fahren,
Und, wenn mein müder Blick die Nacht durchdringt,
Dem Schlafe nah, das Flackerlicht gewahren,
Das jedes triste Haus mir dort entgegenblinkt.
　　Ich mag den Rauch verbrannter Heide,
　　Das Steppenzelt zu alledem,
　　Die Birken mitten im Getreide,
　　Die auf dem Hügel Wache stehn.
　　Mit Wonne, die nicht viele kennen,
　　Seh ich die Speicher voll, geraum,
　　Die strohgedeckten Hütten, Tennen,
　　Die Fenster mit geschnitztem Saum;
　　Im Abendtau des Feiertages
　　Mag ich bis in die Nacht hinein
　　Der Tänze und des Trinkgelages
　　Vergnügter Bauern Zeuge sein.

1841, geschrieben mit siebenundzwanzig Jahren

Tamara

Wo Tereks Gewässer durchbranden
Im Nebel die Schlucht von Darjal,
Ein uralter Turm hat gestanden,
Schwarz ragend auf steinernem Wall.

Der Zwingturm war hoch und sehr enge,
Dort lebte die Zarin im Park:
Tamara, so schön wie ein Engel,
Doch listig, dämonisch und arg.

Dort hatte im Mitternachtsdunkel
Ein güldenes Irrlicht geblinkt,
Dem Wandrer mit seinem Gefunkel
Zu nächtlichem Rasten gewinkt.

Tamaras Gesang war zu hören:
Ganz Lechzen nach Liebe und Lust,
Er konnte verzaubern, betören,
Wer lauschte, hat folgen gemußt.

Ob Kaufmann, ob Hirt oder Ritter,
Die Stimme befahl ihm Besuch,
Weit öffneten sich ihm die Gitter,
Den Weg wies ein finstrer Eunuch.

Auf flaumigem Bette sie träumte,
In Perlen, Brokatstickerein,
Den Gast zu empfangen. Es schäumten
Vor ihr zwei Pokale mit Wein.

Wie heiß sich die Arme umschlangen,
Der Mund ward vom Munde entfacht,
Und wildeste Laute durchdrangen
Dort seltsam die endlose Nacht.

Als hätten im sonst leeren Turme
Jetzt hundert Gepaarte gehaust,
Um Hochzeit zu feiern im Sturme,
Vielleicht schon beim Leichenschmaus.

Doch kaum hat der Morgen zu dämmern
Begonnen gleich hinter dem Berg,
Da hörte im Turm auf das Hämmern,
Und Schweigen verbarg alle Werk.

Der Terek zerriß nur die Stille,
Durchbrausend die Schlucht von Darjal;
Er trieb eine rauschende Fülle
Von Wellen hinunter ins Tal.

Sie trugen jetzt hastig und weinend
Den lautlosen Leichnam vorbei;
Man sah in dem Fenster was scheinen,
Es raunte von dort wie: Verzeih.

So hingebungsvoll war das Scheiden,
Die Stimme, sie tönte so süß,
Als sähen sich wieder die beiden,
Als wenn es Liebkosen verhieß.

1841, geschrieben mit siebenundzwanzig Jahren

ICH REDE, NIEMAND HÖRT MIR ZU*

Ich rede, niemand hört mir zu ... ich bin allein.
Der Tag versinkt ... gefärbt in dunkelrote Streifen,
Die Wolken ziehen westwärts, Feuerschein
Fällt laut aus dem Kamin. – Die Zukunftsträume reifen,
Erfüllen mich ... und alles was mal war
Zieht jetzt an mir vorbei in gleichförmiger Schar,
In der mein wirrer Blick vergeblich sucht zu greifen
Wenigstens einen Tag, der hoffnungsvoll und klar!

ohne Datum

ABSCHIED

Leb wohl, mein ungewaschnes Rußland,
Du Land der Sklaven und der Herrn,
Du Volk in Demut, Bückling, Kußhand,
Verkauft an Uniform und Stern.

Der Kaukasus mag mich verbergen
In seinen wohltuenden Höhn
Vor deinen auflauernden Schergen,
Die alles hören, alles sehn.

1841, geschrieben im Jahr des Todes

Aleksandr Aleksandrowitsch Blok

(1880–1921)

СКИФЫ

Панмонглизм! Хоть имя дико,
Но мне ласкает слух оно.

Владимир Соловьев

Мильоны – вас. Нас – тьмы, и тьмы, и тьмы.
    Попробуйте, сразитесь с нами!
Да, скифы мы! Да, азиаты мы,
    С раскосыми и жадными очами!

Для вас – века, для нас – единый час.
    Мы, как послушные холопы,
Держали щит меж двух враждебных рас
    Монголов и Европы!

Века, века ваш старый горн ковал
    И заглушал грома́ лавины,
И дикой сказкой был для вас провал
    И Лиссабона, и Мессины!

Вы сотни лет глядели на Восток,
    Копя и плавя наши перлы,
И вы, глумясь, считали только срок,
    Когда иаставить пушек жерла!

Вот – срок настал. Крылами бьет беда,
    И каждый день обиды множит,
И день придет – не будет и следа
    От ваших Пестумов, быть может!
[…]

SKYTHEN

Panmongolismus! Ist das Wort auch wüst,
So klingt er doch in meinen Ohren süß.

Wladimir Solowjow

Ihr seid – Millionen. Wir sind – Schwaden, Schwaden.
 Versucht's gegen uns aufzusitzen!
Uns – Skythen! Ja, asiatische Nomaden,
 Mit gierigen und scheelen Augenschlitzen!

Euch – die Epochen, uns – das Stundenglas.
 Wir Bauern hielten, wie befohlen,
Den Schutzwall zwischen zweimal Rassenhaß
 Der Europäer und Mongolen!

Und euer alter Hammer schlug sehr lang,
 Verschlang den Donner der Lawinen,
Nur wilde Mär war euch der Untergang
 Von Lissabon und von Messina!

Ihr habt den Osten ewig angestarrt,
 Geschmolzen unser Gold, geschichtet,
Und spöttisch dieses Augenblicks geharrt,
 Kanonen gegen uns zu richten!

Nun – ist's soweit. Das Elend schreit zum Himmel,
 Tagtäglich nimmt die Kränkung zu,
Kann sein, daß eure Paestum-Stümmel
 Auch untergehen – ohne Spur!

O alte Welt! Solange deine Kreise
 Noch trunken von der Wahnlust walten,

Halt an! wie Ödipus, du zehnmalweise,
　　Vor dem Urrätsel Sphinx gehalten.

Die Sphinx – ist Rußland. Jubel oder Gram,
　　Der schwarze Aderlaß ist ihm geschrieben,
Es blickt und blickt und blickt dich ständig an
　　Mit seinem Haß, mit seiner Liebe! ...

Ja, lieben so wie unser Blut es kann,
　　Das schafft ihr nicht, ihr Amateure!
Ihr habt ihn längst verlernt, den Liebeswahn,
　　Der brennen kann und auch zerstören!

Wir lieben alles – kalter Zahlen Glut,
　　Das Gottgeschenk der Visionen,
Wir kennen alles – Galliens Geist, auch gut
　　Den düstren Genius der Teutonen ...

Alles – die Straßenhölle von Paris,
　　Die Zitrusdüfte zu genießen,
Die Brise von Venedig, und gewiß
　　Auch Kölns in Rauch getauchte Riesen ...

Wir mögen Fleisch – die Farbe, den Geschmack,
　　Den tödlich schwülen Dunst zu schmatzen ...
Sind wir denn schuld, wenn eure Rippe knackt
　　In unsren zärtlich schweren Tatzen?

Wir sind gewohnt, ein wildes Pferd, das sich
　　Im Blitzgalopp verrannt, zu lähmen
Durch Griff am Zaum, bis daß das Kreuzbein bricht,
　　Auch spröde Sklavinnen zu zähmen ...

Kommt doch zu uns! Vom Kriegsschreck unbeschwert!
　　Laßt euch umarmen! Waffen nieder!

Bevor's zu spät – steckt ein das alte Schwert,
    Genossen! Seien wir uns – Brüder!

Wenn nicht, – was können wir verlieren? Nichts.
    Auch uns steht Wortbruch frei zu Buche!
Die kranken Erben, Urteil des Gerichts,
    Sie werden – ewig euch verfluchen!

Wir machen Platz für deine Wohlgestalt,
    Europa, weit, in alle Breite!
Wir öffnen euch das Dickicht und den Wald
    Für das asiatische Getreide.

Geht los, geht alle los auf den Ural!
    Wir säubern euch das Feld im Norden,
Wo Waffen röcheln, japst das Integral
    Im Kampf mit den Mongolenhorden!

Wir selbst – sind euch kein Schutzwall mehr ab jetzt,
    Wir bleiben abseits und kiebitzen,
Wir schauen zu, wie euch die Schlacht zerfetzt,
    Mit unsren engen Augenschlitzen.

Uns läßt es kalt, wenn Hunnen überall
    Im Blut, die Leichen fleddernd, waten,
– Die Städte Schutt, die Kirchen Pferdestall –
    Und ihre weißen Brüder braten! …

Zum letzten Mal – besinn dich, alte Welt!
    Laß uns den Arbeitsfrieden wahren,
Zum letzten Mal, zum Brüderfest bestellt,
    Ruft dich die Leier der Barbaren.

30. Januar 1918, geschrieben mit achtunddreißig Jahren

Anna Andrejewna Achmatowa

(1889–1966)

Не будем пить из одного стакана
Ни воду мы, ни сладкое вино,
Не поцелуемся мы утром рано,
А ввечеру не поглядим в окно.
Ты дышишь солнцем, я дышу луною,
Но живы мы любовию одною.

Со мной всегда мой верный, нежный друг,
С тобой твоя веселая подруга.
Но мне понятен серых глаз испуг,
И ты виновник моего недуга.
Коротких мы не учащаем встреч.
Так наш покой нам суждено беречь.

Лишь голос твой поет в моих стихах,
В твоих стихах мое дыханье веет.
О, есть костер, которого не смеет
Коснуться ни забвение, ни страх.
И если б знал ты, как сейчас мне любы
Твои сухие, розовые губы!

WIR WERDEN NICHT*

Wir werden nicht aus einem Glase trinken,
Das Wasser nicht und nicht den süßen Wein,
Am späten Abend nicht zum Fenster winken,
Und uns nicht küssen früh im Dämmerschein.
Du atmest Sonne ein und ich den Mond,
Auch wenn uns eine Liebe innewohnt.

Mir steht mein Freund bei, liebevoll und treu,
Dir deine Freundin, von dir hingerissen,
Doch ich versteh der grauen Augen scheu,
Und du bist schuld an meinen Kümmernissen.
Wir meiden jedes kurze Stelldichein.
So halten wir auch unsren Frieden rein.

Nur deine Stimme singt durch mein Gedicht,
Und meine Atemzüge wehen durch die deinen.
Es gibt das Glühn, das weder ein Verneinen
Noch die Beklemmung jemals unterbricht.
Und wenn du wüßtest, wie mich grade heute
Dein trockener blaßroter Mund erfreute!

1913, geschrieben mit vierundzwanzig Jahren

DER EINE GEHT*

Der eine geht geradeaus,
Der andere in Kreisen,
Und beide wolln ins Vaterhaus,
Zu alten Freunden reisen.

Und ich schlepp meine Wiederkehr
Auf keine dieser Weisen
Ins Nirgendwo und Nimmermehr,
Wie Züge, die entgleisen.

1940, geschrieben mit einundfünfzig Jahren

MÄRZELEGIE

Vom Geschmeide der letzten Saison
Werde lange ich, leider, noch zehren,
Denn du weißt, nicht die Hälfte davon
Will mein schlimmes Gedächtnis entbehren:
Kleine Kuppel, die seitlich zerfällt,
Schrei der Raben, der Lokomotive,
Eine Birke, die humpelt ins Feld,
So als wenn sie halb liefe, halb schliefe,
Und der heimliche Mitternachtssang
Der gewaltigen biblischen Eichen,
Und das Boot, das beinahe versank,
Unterwegs aus dem Traum ohnegleichen …
Diese Äcker dort weißte bereits
Der durchziehende Vorwinter sachte,
Der aus Fernen mit all ihrem Reiz
Undurchschaubare Trübnisse machte.
Und es schiene, wenn alles mal aus,
Könnte niemals und nichts mehr passieren …
Doch wer streunt jetzt schon wieder ums Haus,
Und wer ruft nach uns laut vor den Türen?
Wer nur klebt an den Eisblumen fest,
Und wer winkt mit der Hand wie mit Zweigen? …
Statt der Antwort ein Sonnenreflex,
Der im Eckspiegel tanzt seinen Reigen.

1960, geschrieben mit einundsiebzig Jahren

AN DIE GEDICHTE

Ihr führtet irre mich genug,
Ein Blendlicht ohne Weg und Ziel.
Ihr wart oft Bitternis und Trug,
Doch eine Tröstung – wart ihr nie.

1961, geschrieben mit zweiundsiebzig Jahren

Sergej Aleksandrowitsch Jessenin

(1895–1925)

Сыплет черемуха снегом,
Зелень в цвету и росе.
В поле, склоняясь к побегам,
Ходят грачи в полосе.

Никнут шелковые травы,
Пахнет смолистой сосной.
Ой вы, луга и дубравы, –
Я одурманен весной.

Радуют тайные вести,
Светятся в душу мою.
думаю я о невесте,
Только о ней лишь пою.

Сыпь ты, черемуха, снегом,
Пойте вы, птахи, в лесу.
По полю зыбистым бегом
Пеной я цвет разнесу.

FAULBAUM SCHÜTTET*

Faulbaum schüttet ohne Ende
Blütenschnee auf Tau und Blatt.
Krähen gehen durchs Gewende,
Hacken nach der jungen Saat.

Flaum bedeckt die Seidengräser,
Harzduft weht vom Fichtenhain.
Wälder, Wiesen und Gewässer –
Wie berauscht mich dieser Mai!

Frohe Heimlichkeiten drängen
Sich in meine Seele laut.
In Gedanken, in Gesängen
Bin ich nur bei meiner Braut.

Schütte, Faulbaum, deine Flocken,
Singt ihr Vögel dort im Baum.
Taumelnd übers Feld, frohlockend,
Streu ich rings den Blütenschaum.

1910, geschrieben mit fünfzehn Jahren

DER DÄMMER HAT DEN SEE*

Der Dämmer hat den See mit Purpur überstrahlt.
Die Auerhähne klagen laut im Tannenwald.

Die Amsel klagt, im Nest versteckt, von ihrer Not.
Nur ich hab nichts zu klagen – meine Seele loht.

Ich weiß, du kommst am Abend hinter das Gewann,
Wir fliehen in den frischen Schober nebenan.

Ich küß dich, bis wir taumeln, preß zu Blütenflausch.
Wer schert sich um den Leumund, wenn ihn Glück berauscht?

Du wirfst vor meinen Küssen selbst den Schleier weg,
Ich trag dich, bis zum Morgen trunken, ins Versteck.

Und laß die Auerhähne klagen ihr Geläut.
Mir bringt der rote Dämmer Sehnsucht, die mich freut.

1910, geschrieben mit fünfzehn Jahren

ABEND DAMPFT*

Abend dampft, die Katze döst auf einer Stange.
»Herre Jesu Christe« betet jemand bange.

Dämmerbrände glühen, Nebeldunst gespenstert,
Feuerroter Vorhang legt sich um das Fenster.

Spinngewebe schweben hin mit goldnen Haaren.
In der Vorratskammer hört man Mäuse scharren ...

Wo der Wald sich lichtet stehn Getreidepuppen,
Tannen starrn wie Lanzen in die Himmelskuppel.

Aus dem Tau der Haine sieht man Weihrauch quillen ...
Und im Herzen ruhn Reliquien und Stille.

1912, geschrieben mit siebzehn Jahren

DICHT VOR MEINEM FENSTER*

Dicht vor meinem Fenster
Hat der Birkenbaum
Sich in Schnee gekleidet
Wie in Silberflaum.

Von den leichten Zweigen,
Eingesäumt mit Schnee,
Lassen weiße Quasten
Lange Fransen wehn.

Und so steht die Birke
Lautlos, traumgebannt,
Und die Flocken flammen
Ihren goldnen Brand.

Doch der Dämmer, träge,
Schlendert rings im Kreis,
Schüttet auf die Zweige
Neues Silberweiß.

1913, geschrieben mit achtzehn Jahren

IN DER KATE

Plinsenduft strömt aus der Küche,
Draußen steht ein Faß mit Malz,
Überm Eisenherd verkriechen
Sich die Schaben in den Falz.

Aus dem Abzug rußt es Schleier,
Aschefäden hängen lang,
Und im Korb gibt's rohe Eier
Hinterm Salztopf auf der Bank.

Mutter hebt die Feuerzange,
Bückt sich tief, es fällt ihr schwer,
An die Frischmilch in der Kanne
Schleicht der alte Kater her.

Aufgeregte Hühner gackern
Auf dem Gabelarm des Pflugs,
Hähne krähn im Hofe wacker
Litaneien Gott zum Gruß.

Und im Flur am Fenster tölpeln,
Dicht gedrängt, vom Lärm erschreckt,
Zottelige kleine Welpen
In ihr Kummetzeug-Versteck.

1914, geschrieben mit neunzehn Jahren

ICH – BIN HIRT*

Ich – bin Hirt; meine Gemächer
Sind die Fluren und der Rain,
Und die grünen Hügeldächer,
Wo die Schnepfen gellend schrein.

Überm Walde häkeln Wolken
Spitzen um den gelben Bausch.
Halb in Schlummer eingewogen,
Hör ich, wie's in Kiefern rauscht.

Taubenetzte Pappeläste
Glänzen grün aus dem Gehölz.
Ich – bin Hirt; meine Paläste
Sind im weichen Gras des Felds.

Kühe nicken mir vom Ufer
Mit den Köpfen ihren Gruß.
Dufterfüllte Haine rufen
Mit den Zweigen nach dem Fluß.

Fern von allen Menschennöten
Schlaf ich auf dem Holz im Schlag,
Bete zu der Morgenröte,
Nehm das Abendmahl am Bach.

1914, geschrieben mit neunzehn Jahren

SÜMPFE UND MORÄSTE*

Sümpfe und Moräste,
Blaues Himmelsband.
Mit dem Gold der Äste
Schellt der Nadelwald.

Im Gezweige zwitschern
Meisen dann und wann,
Vom Geräusch der Schnitter
Träumt der dunkle Tann.

Quietschend durch die Wiesen
Zieht ein Wagenzug –
Von den Rädern rieselt
Lindenholzgeruch.

Was die Winde mahnen,
Lauscht der Busch gebannt ...
Land du meiner Ahnen,
Mein vergessenes Land! ...

1914, geschrieben mit neunzehn Jahren

ICH GEH ALS MÖNCH*

Ich geh als Mönch in Büßerkutte,
Oder als Stromer, semmelblond,
Dort, wo die Milch der Birken flutet,
Durch Ebenen zum Horizont.

Ich will, dem Leitstern folgend, wandern
Bis an das Äußerste der Welt,
Und glauben an das Glück der andern,
Wenn über mir der Roggen schellt.

Der Morgen wirft mit kühlen Fingern
Des Taus die Frührotäpfel ab.
Die Schnitter auf der Wiese singen
Mir ihre Lieder bei der Mahd.

Und hinter Rutenzäune blickend
Bekunde ich mir jeden Tag:
Wie glücklich, der sein Leben schmückte
Mit Vagabundenstock und -sack.

Wie glücklich, wessen Lust bescheiden,
Dem Feind und Freund noch unbekannt;
Er geht den Weg der Dorfgemeinde
Und betet Heu und Diemen an.

1914, geschrieben mit neunzehn Jahren

NICHT MEHR STREUNEN*

Nicht mehr streunen in den Meldebüschen
Und nach Spuren suchen hinterm Haus.
Aus der Traum von dir, der sommerfrischen
Garbe Haferhaar, für immer aus.

Mit dem scharlachroten Beerensafte
Auf den Wangen warst du zart und so
Wie das Abendrot, das rosenhafte,
Wie der Schnee so strahlend lichterloh.

Welk ist jetzt dein Augenstern, erkaltet,
Und dein Namenshauch verflog wie Luft,
Doch es blieb mir in den Halstuchfalten
Deiner Unschuldshände Honigduft.

Wenn das Dämmerrot auf Häuserdächern
Sein Gesicht putzt wie ein Katzenkind,
Hör ich sanfte Worte von dir sprechen
Im Gesang des Wassers mit dem Wind.

Mögen blaue Nächte oft mir flüstern,
Du seist Traum gewesen und Gesang,
Immerhin, wer deine Schlankheit küßte,
Dessen Mund an helle Wunder drang.

Nicht mehr streunen in den Meldebüschen
Und nach Spuren suchen hinterm Haus.
Aus der Traum von dir, der sommerfrischen
Garbe Haferhaar, für immer aus.

1915, geschrieben mit zwanzig Jahren

DAHEIM ZU LEBEN BIN ICH LEID*

Daheim zu leben bin ich leid,
Mich locken Buchweizengezeiten,
Ich lasse meine Häuslichkeit
Und zieh als Strolch und Dieb ins Weite.

Ich geh durch krauses Tageslicht
Zu kümmerlichen Zufluchtsplätzen.
Ein lieber Freund wird gegen mich
Am Stiefelschaft sein Messer wetzen.

Die Wiese mit dem gelben Weg
Umranken Lenz und Sonnenhelle,
Und die, die ich im Herzen heg,
Sie jagt mich fort von ihrer Schwelle.

So komm ich unter Vaters Dach
Zurück, daß fremdes Glück mich wärme,
Und häng mich auf in grüner Nacht
Am Fensterkreuz an meinem Ärmel.

Die Weiden werden am Gehöft,
Ergraut, die Köpfe hängen haben.
Man wird bei hündischem Gekläff
Mich ohne Sakrament begraben.

Doch weiter schwimmen wird der Mond,
Der ruderlose, weiter scheinen,
Und Rußland leben wie gewohnt,
An seinem Dorfzaun tanzen, weinen.

1915–1916, geschrieben mit einundzwanzig Jahren

DAS WAGENHOLZ*

Das Wagenholz hebt an zu singen,
Gesträuche flieht an uns vorbei.
Und wieder Kreuze, Kirchenzinnen
Und Eschen, Ebne, Einerlei.

Und wieder schmerzt mich warme Trauer,
Dahergeweht vom Hafergold.
Vor einer weißen Kirchturmmauer
Bekreuzt die Hand sich ungewollt.

O Rußland – rote Himbeerweiten,
Azure, die durch Flüsse gehn, –
Ich liebe freudenvoll und leidend
Die dunkle Schwermut deiner Seen.

Der kühle Gram ist unermessen
An deinen Ufern, nebelschwer.
Doch dich nicht lieben, dich vergessen –
Das lerne ich wohl nimmermehr.

Für mich sind diese Ketten Freude,
So wie mein Traumschlaf ohne Maß,
Wenn mir nur meine Steppen läuten
Mit dem Gebet aus Federgras.

1916, geschrieben mit einundzwanzig Jahren

HERBST

Für R. W. Iwanow

Stille im Wacholderdickicht an der Lehne.
Herbst – die rote Mähre – kämmt die lange Mähne.

An den Ufern über dünnes Eis
Klirren ihre Hufe blau und leis.

Wind, der Wandermönch, mit sachten Schritten
Tritt das Laub, das Bäume vor ihn schütten,

Und in Ebereschen ahnt er Jesum Christ,
Dem er hier die roten Martermale küßt.

1914–1916, geschrieben mit einundzwanzig Jahren

TOTENSCHMAUS

Die verwaisten Trauerweiden schützen
Mit Gezweig die Wohnungen der Toten.
Darauf liegt wie Schnee die Opfergrütze –
Leichenschmaus für Vögel-Himmelsboten.

Auf den Gräbern vespern schwarze Dohlen,
Bettler knoten ihre Bündelleinen.
Mütter jammern, Patentanten heulen,
Schwägerinnen, Schwiegertöchter weinen.

Hopfen rankt sich, klebrig, wirr an Rissen
Des Gemäuers hoch, des staubbedeckten.
Langer Pope, dessen Rock verschlissen,
Sammelt Schwarzkopeken zur Kollekte.

Dazu beten an der Friedensstätte
Für ein Almosen die Pilger und die Armen,
Und der Küster singt die Totenmette:
»Habe, Herr, mit den Entschlafenen Erbarmen.«

1916, geschrieben mit einundzwanzig Jahren

AUS DES REGENS TANZ*

Aus des Regens Tanz, die Frühlingstränen,
     Das Gewitter starb.
Traurig ist es hier mit dir, Jessenin,
     Vor dem Ahnengrab ...

Traurig vor dem Himmelsbaum zu lauschen
     Fernem Flügelschlag:
Diese Toten macht dein Reimerauschen
     Doch nicht wieder wach.

Ob dein Wort gegen die Schicksalswände
     Hämmerte und brach,
Nicht in Winden, in den Bücherbänden
     Tönt dein Traumbild nach.

Jemand wird sich in dein Buch vergraben,
     Findet keine Ruh.
Jemandem wird nah dein roter Abend,
     Aber nutzlos du.

Manchen werde ich vielleicht erreichen,
     Brjussow, Blok, den Rest ...
Doch der Lauf der Sonne bleibt der gleiche,
     Stets von Ost nach West.

Nichts verändern in der Welt die Klagen,
     Davon bebt kein Blatt ...
An das Marterholz bleibst du geschlagen,
     Deine Zunge matt.

Ewig hält gestreckt die tauben Arme
    Dein Pilatus Stern.
Eli, eli, lama asabthani,
    Nimm mich zu dir, Herr.

1916–1917, geschrieben mit zweiundzwanzig Jahren

ICH DURCHWATE DEN FLÜCHTIGEN SCHNEE*

Ich durchwate den flüchtigen Schnee,
Trage Maiglöckchen keimender Kraft,
Und der Abend hat dort, wo ich geh,
Mir ein bläuliches Sternlicht entfacht.

Ich weiß nicht, ist es Tag oder Nacht?
Singt im Unterholz Wind oder Hahn?
Oder setzten sich Schwäne vielleicht
Statt des Winters auf Acker und Bahn.

Weißer Spiegel, wie wohl du mir tust!
Leicht erwärmt mir die Ader der Frost!
Ach, wie gern hätt ich jetzt an die Brust
Nackte Birken geschmiegt und gekost.

O du schlummerndes Waldfinstertum!
O du rauschendes Schneefelderfest! ...
Ach, wie gern hätt die Arme ich nun
Um die Hüften der Weiden gepreßt!

1917, mit zweiundzwanzig Jahren

KAHLE HAINE, NACKTE FLUREN*

Kahle Haine, nackte Fluren,
Grauer Dunst vom Fluß gesponnen.
Hinter blaue Bergkonturen
Rollte still das Rad der Sonne.

Schlummer hält den Weg umfangen
Und er träumt, der narbenvolle,
Daß er nicht mehr, nicht mehr lange
Auf den Winter warten solle.

Ach, ich sah durch Nebelhüllen
Gestern, wo der Busch mir schwirrte,
Wie der Mond, das rote Füllen,
Sich an unsern Schlitten schirrte.

1917–1918, geschrieben mit dreiundzwanzig Jahren

GOLDLAUB FÄLLT UND TREIBT*

Goldlaub fällt und treibt in Wirbelringen
Auf das Tümpelwasser, rosenrot,
So als flög ein Schwarm von Schmetterlingen
Zu den Sternen in den sichren Tod.

Heute liebe ich den stillen Abend
Und die Nähe des vergilbten Tals.
Einem Birklein bläst der Windbold-Knabe
Hoch das Leinenschürzchen bis zum Hals.

Tal und Seele sind erfüllt von Kälte,
Schafen gleicht das Fell des Dämmerblaus,
Hinterm Tor verstummter Gartenwelten
Klingt ein Glockenton kurz auf und aus.

Nie zuvor hab ich so stumm und eigen
Hingehört auf die Vernunft der Haut.
Es wär gut, wär man wie Weidenzweige
Dieser Wasserröte anvertraut.

Es wär gut, den Schober anzulächeln,
Mit dem Maul des Mondes Heu zu kaun ...
Wo, wo bist du, stille Freude, welche
Nichts begehrend alles lieben kann!

1918, geschrieben mit dreiundzwanzig Jahren

WINDE, WINDE*

Winde, Winde, weiße Schneesturmwinde,
Kommt, verweht meine Vergangenheit.
Macht mich einmal noch zum frohen Kinde,
Laßt mich Blume sein am Wiesenrain.

Sterben möchte ich für mich und alle,
Wenn die Hirtenflöte leise ruft.
Mit den Glockensternen, die da fallen,
Schneit der Abendschnee die Ohren zu.

Gut sind seine makellosen Triller,
Tief im Sturm ertränken sie die Pein.
Stehen möcht ich wie ein Baum am stillen
Weg verwurzelt und auf einem Bein.

Und ich möchte beim Geschnaub der Rosse
Mich umarmen mit dem Nachbarstrauch.
Windet endlich doch, ihr Mondscheinflossen,
Meine Trauer eimerweis hinauf.

1919, geschrieben mit vierundzwanzig Jahren

MEIN LIED IST NUR EIN STEG AUS BRETTERN*

Für Marienhof

Mein Lied ist nur ein Steg aus Brettern,
Ich bin der letzte Dorfpoet.
Das Birkenlaub singt Abschiedsmetten
Und weht mir Weihrauch auf den Weg.

Das Gold der Flamme brennt herunter
Am Docht des Lichts aus Körperwachs.
Und bald wird ihre zwölfte Stunde
Die Monduhr röcheln mitternachts.

Bald wird der Gast aus Eisen kommen
Auf diesem Ackerweg des Blaus.
Den abendroten Hafersommer
Zu ernten mit der schwarzen Faust.

Ihr toten, fremden Eisenklauen,
Von denen dieses Lied erstirbt!
Nur Ähren-Pferde werden trauern
Und wiehern um den alten Wirt.

Dem Wind wird dieses Wiehern munden,
Wenn er den Totenreigen tanzt.
Bald, bald wird meine letzte Stunde
Die Monduhr röcheln mitternachts!

1919, geschrieben mit vierundzwanzig Jahren

NICHT MEHR WEINEN, KLAGEN UND VERZAGEN*

Nicht mehr weinen, klagen und verzagen,
Alles fällt wie weißer Blütenrauch.
Gold des Welkens färbt nun meine Tage,
Meine Jugendkräfte sind verbraucht.

Nie mehr wirst du so verwegen flattern,
Herz, das ersten Kältegriff empfand,
Nimmer locken deine Birkenmatten
Mich zum Barfußlaufen, derbes Land.

Vagabundenseele! Kümmerlicher
Schürst du Feuer jetzt in meinem Mund.
Meine Lebensfrische ist verblichen,
Fort der freche Blick, die Herzensflut.

Arm an Wünschen bin ich nun geworden,
War mein Leben Traum, den ich genoß?
Denn mir scheint, ich ritt am Frühlingsmorgen
Immerhin ein rosarotes Roß.

Alle, alle sind wir hier vergänglich,
Lautlos fließt vom Ahorn Kupferlaub . . .
Schicksal, sei du mir gelobt unendlich,
Daß ich Blume war und danach Staub.

1922, geschrieben mit siebenundzwanzig Jahren

Lasst das Fluchen*

Laßt das Fluchen. Ich mag um Worte
Nicht feilschen. So ist es nun mal.
Ganz welk ist mein Goldkopf geworden
Und hängt wie ein bleierner Ball.

Das Dorf, auch die Stadt, seine Gassen
Ertrag ich nicht länger – na und?
Ich laß mir den Vollbart wachsen
Und streune als Vagabund.

Vergesse Gedichte und Bücher,
Mit dem Rucksack geh ich durchs Feld,
Weil der Wind einem Landstreicher sicher
Dort mehr Lieder als sonstwem erzählt.

Werde riechen nach Zwiebeln und Rettich,
Und, den feineren Leuten zum Graun,
In die Hände mich schneuzen unflätig,
Überall nur ein Nichtsnutz und Clown.

Und es braucht mir nichts Bessres zu singen,
Wenn ich döse, als Schnee und Orkan,
Weil ich ohne die schrulligen Dinge
Hier auf Erden nicht leben kann.

1922, geschrieben mit siebenundzwanzig Jahren

SO! JETZT IST ES FÜR IMMER*

So! Jetzt ist es für immer entschieden.
Ich verlaß mein vertrautes Revier.
Nun klingt dieses Blätter-Gefieder
Der Pappeln nicht mehr über mir.

Meine Kate, sie krümmt sich verlassen,
Und der Köter ist lange tot.
In den winkligen Moskauer Gassen
Geh ich sicher zugrunde, weiß Gott.

Doch ich mag dieser Stadt Ligaturen,
Und seien sie alt und schlaff.
Auf den Kuppeln da schlafen die Spuren
Asiens goldenen tiefen Schlafs.

Und wenn nachts dann der Mondschein schimmert,
Wenn er schimmert ... teuflischer Fleck!
Schleiche ich, kopfunter, wie immer
In die Stammkneipe um die Eck.

Voller Lärm ist die grausige Höhle,
Doch ich bleib bis zum Morgen dort,
Saufe Schnaps mit Banditen und gröle
Meine Verse den Dirnen ins Ohr.

Danach schlägt gleich mein Herz immer schneller,
Und schon lall ich mit glasigem Blick:
»Bin verloren wie ihr, Gesellen,
Und es gibt keinen Weg mehr zurück.«

Meine Kate, sie krümmt sich verlassen,
Und der Köter ist lange tot.
In den winkligen Moskauer Gassen
Geh ich sicher zugrunde, weiß Gott.

1922–1923, geschrieben mit achtundzwanzig Jahren

WIE TRAURIG BIST DU ANZUSCHAUN *

Wie traurig bist du anzuschaun,
Wie kummervoll, wie voller Leiden!
Uns beiden blieb wohl nur als Traum
Das Kupfer der Septemberweiden.

Entführt von fremden Lippen ist
Mir deine Wärme und dein Zittern.
Mir ist, als tropfe Regen trist
Vom Herzen, das der Herbst verwittert.

Ach was! Ich bange nicht davor.
Ich gehe neuer Lust entgegen.
Obwohl sich alles rings verlor,
Bis auf den gelben Rauch und Regen.

Ich selber habe nicht vermocht
Nur stiller Freude nachzuhangen.
So wenig Wege sind gemacht,
So viele Fehler sind begangen.

Ein lächerliches Sein und Tun.
So treiben wir's ununterbrochen.
Wie auf dem Gottesacker ruhn
Im nackten Park die Birkenknochen.

Auch wir verwelken und vergehn
Wie Gäste hinter Gartenmauern ...
Gibt es kein Blühen unterm Schnee,
Dann ist es müßig, drum zu trauern.

1923, geschrieben mit achtundzwanzig Jahren

Perser Motive

LANGSAM SCHLIESST SICH MEINE ALTE WUNDE*

Langsam schließt sich meine alte Wunde –
Wahn der Trunksucht fällt mich nicht mehr an.
Mit dem Teheranschen Blumenwunder
Heile ich sie in einem Tschaichan.

Um dem Russen etwas vorzuprahlen,
Schenkt der Wirt mir höchstpersönlich ein,
Katzenbuckelnd, Tee in eine Schale,
Anstatt starken Wodka oder Wein.

Du bewirte mich nur, aber sachte,
Viele Rosen blühn in deinem Park.
Nicht umsonst zwei Augen zu mir lachten,
Eh der schwarze Schleier sie verbarg.

Wir in Rußland halten nicht an Ketten,
Wie die Hunde, junge Mädchen fest,
Küssen lernen wir ohne zu betteln,
Ohne Geld und Prügel und Arrest.

Tja, und der mit dämmerroten Wangen
Schenke ich für ihre Tanzfigur
Einen Chorasanschal, einen langen,
Einen Schirasteppich noch dazu.

Gieße ein den Tee, und nicht zu fade,
Bin nicht einer, der sein Jawort bricht.
Ich für meinen Teil steh dafür grade,
Nur für deinen Teil kann ich es nicht.

Schiele nur zur Türe, aber sachte,
Eine Pforte gibt es doch im Park . . .
Nicht umsonst zwei Augen zu mir lachten,
Eh der schwarze Schleier sie verbarg.

1924, geschrieben mit neunundzwanzig Jahren

SCHAGANEH, DU MEIN TROST*

Schaganeh, du mein Trost, Schaganeh!
Sicher, weil ich aus nördlichen Breiten,
Darum schwärm ich von Feldergezeiten,
Von dem Mond über Roggen und See.
Schaganeh, du mein Trost, Schaganeh.

Sicher, weil ich aus nördlichen Breiten,
Daß dort hundertmal größer der Mond,
Sei Schiras auch von Wundern bewohnt,
Mir sind lieber die Steppen und Weiten.
Sicher, weil ich aus nördlichen Breiten.

Ich erzähl dir vom Feld, Schaganeh,
Dieses Haar gab mir unser Getreid,
Nimm und wickel es doch, sei gescheit,
Um den Finger – du tust mir nicht weh.
Ich erzähl dir vom Feld, Schaganeh.

Von dem Mond über Roggen und See,
Die du ahnst an der lockigen Tolle,
Liebste, scherze mit mir oder schmolle,
Nur erinnere niemals, ich fleh,
An den Mond über Roggen und See.

Schaganeh, du mein Trost, Schaganeh!
Auch im Norden dort gibt's eine Schöne,
Deren Anmut der deinen sehr ähnelt,
Vielleicht wünscht sie sich jetzt meine Näh ...
Schaganeh, du mein Trost, Schaganeh.

1924, geschrieben mit neunundzwanzig Jahren

SAADI, DER TRAUMERFÜLLER *

Saadi, der Traumerfüller,
Hätte nur die Brust geküßt,
Sagtest du. Um Gottes willen,
Hab Geduld, ich lern's gewiß.

Du erzähltest, laut Koran wär
Rache gegen Feinde Pflicht.
Nun, ich komme aus Rjasan her,
Kenne diese Strophen nicht.

Und du sangest: »Euphrats Rosen
Schöner als die Frauen blühn.«
Lebte ich nicht von Almosen,
Wüßt ich andre Melodien.

Schnitte diese Rosen alle
Ab, damit ich dich nur seh,
Daß der Welt nichts mehr gefalle
Als die schöne Schaganeh.

Und verschon mich mit Geboten,
Weil mein Sinn sie nicht versteht.
Da ich als Poet geboren,
Küß ich halt wie ein Poet.

12. Dezember 1924, geschrieben mit neunundzwanzig Jahren

CHOROSAN HAT EINE GARTENPFORTE*

Chorosan hat eine Gartenpforte,
Deren Schwelle Rosenrot umflicht.
Dort lebt Peri, eine Traumumflorte.
Chorosan hat eine Gartenpforte,
Doch die Pforte öffnen konnt ich nicht.

Meine starken Arme würden reichen,
Und im Haar wär Kupfer, Gold genug.
Peris Stimme klingt so schön und schmeichelnd.
Meine starken Arme würden reichen,
Doch die Pforte blieb mir dennoch zu.

Gar nichts hilft Verwegenheit der Liebe.
Und wozu? Wem schenk ich den Gesang? –
Da mir Schaga unerreicht geblieben,
Weil ich nicht durch ihre Pforte drang?
Gar nichts hilft Verwegenheit der Liebe.

Es ist Zeit, daß ich nach Rußland fahr.
Persien! Bist es du, das ich verlasse?
Gehe ich für immer? Offenbar,
Weil mich Heimweh treibt auf meine Gasse?
Es ist Zeit, daß ich nach Rußland fahr.

Peri, lebe wohl, auf Wiedersehn.
Stand ich auch vor der verschlossnen Tür,
Dieses Leid, das du mir gabst, war schön.
Singen werde ich daheim von dir,
Peri, lebe wohl, auf Wiedersehn.

1925, geschrieben mit dreißig Jahren

LIED

Es gibt ein gutes Lied, ein Lied der Nachtigallen –
Ein Lied auf meinen Kopf, der jäh dem Tod verfallen.

Er blühte – wucherte, er wuchs, der messerhelle,
Nun hängt er seinen Schopf und kann nicht von der Stelle.

O meine Sinne, Sinne! Schmerzen euch zerteilen.
Vertan ist meine Jugend, ohne Zeit und Weile.

Wie kam es nur dazu, ich kann es selbst nicht wissen.
Ich presse an die Brust des Nachts das rauhe Kissen.

So fließ, ergieße dich, untröstlich Trauerliedchen.
Es scheint im Dunkel mir – ich kosete mein Mädchen.

Ich hör Musik von fern und sehe Mondscheinflimmer,
Allein ich weiß genau – die Liebste kehrt mir nimmer.

Ach, Liebe du – Holunder, Blut – du Feuerkreisen,
Wie die Gitarre alt, und jung wie alle Weisen.

Genau noch mit denselben Lust- und Qualenzungen
Wie einst die Väter sangen, singen heut die Jungen.

So singt und trinkt beizeit, statt Schwermut auszubrüten –
Die Liebste welkt bestimmt dahin wie Faulbaumblüten.

Und wo bin ich verblüht? Im Ruhm oder beim Weine?
Sonst war ich gern gesehn – nun läßt man mich alleine.

Drum ist so gut das Lied, das Lied der Nachtigallen,
Das Lied auf meinen Kopf, der jäh dem Tod verfallen.

Er blühte – wucherte, er wuchs – der messerhelle,
Nun hängt er seinen Schopf und kann nicht von der Stelle.

1925, geschrieben mit dreißig Jahren

ACH DU SCHLITTEN! UND PFERDE, PFERDE!*

Ach du Schlitten! Und Pferde, Pferde!
Sicher hat der Teufel euch gemacht
Für die Höllenfahrt auf dieser Erde,
Wo die Kummetschelle Tränen lacht.

Weit und breit nur Steppe, öd und eben,
Nirgends heult ein Hund, kein Mondschein gleißt.
Fahre fort, mein ungestümes Leben,
Noch bin ich nicht ganz und gar vergreist.

Singe, Kutscher, dieser Nacht zum Trotze,
Wenn du willst, dann singen wir zu zweit, –
Laß mich dir von Mädchenaugen protzen
Und von meiner frohen Jugendzeit.

Ach, es war, als ich mich keck bemützte,
Meinen Rappen hurtig vorgespannt,
Auf dem Sitz aus Heu ins Blaue flitzte –
Weißt du, wie man damals mich genannt?

Woher kamen nur die kühnen Launen!
In der Stille mancher Mitternacht
Hat das Ziehharmonikageraune
Nicht nur eine willig mir gemacht.

Alles aus. Mein Haar ist dünn und schimmert.
Tot das Pferd und leer der Hof. Vorbei.
Die Harmonika verlor die Stimme
Und verlernte ihre Plauderei.

Aber dennoch mag ich Schnee und Kühle,
Meine Seele ist noch warm und wach,
Weil zu allem, was ich immer fühle,
Diese Schlittenschelle Tränen lacht.

1925, geschrieben mit dreißig Jahren

BIST DU'S WIRKLICH*

Bist du's wirklich, armer Liedersänger,
Der noch Strophen singt vom Mondenschein?
Meine Augen wurden kälter, enger
Hier bei Liebe, Kartenspiel und Wein.

Ach, der Mond kriecht durch den Fensterrahmen –
Seine Lichtflut brach mein Augenmaß ...
Alles setzte ich auf die Pik-Dame
Und am Ende zog ich Karo-As.

1925, geschrieben mit dreißig Jahren

DIE BLUMEN SAGEN MIR – ADE*

Die Blumen sagen mir – ade,
Sie lassen tief die Köpfe hangen,
Weil ich nie wieder ihre Wangen
Und meine Heimaterde seh.

Na und, Geliebte! Ja, na und?
Ich sah die Welt, die Blumen lange,
Wie einen neuen Liebesmund
Will ich den Grabesfrost empfangen.

Das Leben lächelnd überwunden,
Ging ich an ihm vorbei, gewiß, –
Drum sage ich von all den Stunden,
Daß jede wiederholbar ist.

Ob ich verschwinde in die Nacht,
Bleibt einerlei – es kommt ein andrer,
Der dir ein bessres Liedchen macht
Und schlägt dein Herz in neue Bande.

Mag sein, Geliebte, daß das Lied,
Mit dem der Neue dich durchglühte,
Dich denken läßt an mich, die Blüte,
Die ohne Wiederkehr verblüht.

Oktober 1925, geschrieben mit dreißig Jahren

LEBE WOHL, MEIN FREUND*

Lebe wohl, mein Freund, ich muß jetzt gehen,
Du, den ich ins Herz geschlossen hab.
Es verspricht uns ja ein Wiedersehen
Dieses längst schon vorbestimmte Grab.

Lebe wohl, mein Freund, kein Wort, ich scheu es,
Gräm dich nicht und halte mir die Treu, –
Sterben ist in diesem Sein nichts Neues,
Doch zu leben, wahrlich, auch nicht neu.

1925, geschrieben im Jahr des Todes

Wladimir Wladimirowitsch Majakowskij

(1893–1930)

ВОЙНА И МИР

ЧАСТЬ IV

[…]

Милостивые государи!
Понимаете вы?
Боль берешь,
Растишь и растишь ее:
всеми пиками истыканная грудь,
всеми газами свороченное лицо,
всеми артиллериями громимая цитадель головы –
каждое мое четверостишие.

Не затем
взвела
по насыпям тел она,
чтоб, горестный,
сочил заплаканную гнусь;
страшной тяжестыо всего, что сделано,
без всяких
»красиво«,
прижатый, гнусь.

Убиты –
и все равно мне,
я или он их
убил.
На братском кладби́ще,
у сердца в яме,
легли миллионы,
гниют,
шеве́лятся, приподымаемые червями!

KRIEG UND WELT

Teil IV

[...]

Gnädige Herrschaften!
Begreifen Sie mich?
Man nehme den Schmerz
und lasse ihn schwellen:
das von allen Gasen entstellte Gesicht,
von allen Bajonetten zerschundene Herz,
von allen Kanonen zerschossene Kopfzitadelle –
das sind die Strophen meines Gedichts.

Mich stellte der Krieg
auf den Leichendamm,
nicht daß ich mich duck
im Jammergestöhn;
Ich krümme mich, lahm,
unterm schrecklichen Druck
dessen, was kam,
ohne jedes
»wie schön«.

Gefallene, Tote –
mir ist es egal,
wer wen
erschlägt oder verstümmelt.
Millionen Brüder
faulen
im Grab,
in der Gruft des Herzens,
im Wurmgewimmel!

Nein!
Keine Gedichte!
Das
bleibt unbesungen.
Lieber
bind ich mein Stimmband zum Knoten,
statt schönzureden.
Sei denn, des Dichters gepflegte Zunge
leckt Ofenglut, macht sich selber zunichte.

Seht her!
Das da!
Was ich hier halte!
Das ist keine Lyra für schöne Worte!
Aus diesem Busen, von Reue gespalten,
reiß ich mein Herz –
zerreiß die Aorta!

Laßt euch vom Beifallsbrei nicht belügen!
Stürz ein, Behaglichkeit der Kemenaten!
Seht ihr
den Stein an meinen Flügeln?
Ich steh auf dem Richtplatz
Zum letzten
Atem ...

Ich blute aus, gefällt,
doch mein Blut wäscht uns alle frei
vom Schandmal des Menschenmords,
unsrer offenen Wunde.
Hört zu!
Aus mir
dröhnt das Zeitgeschrei:
»Die Augen auf,

mein blindes
Jahrhundert!«

Damit sich die Welt
zur Freude
erhebe
aus ihrer sinnlos vertanen Geduld,
bekenn ich:
an den zerbrochenen Leben
bin ich
alleine schuld!

Die ersten Strahlen der Sonne
lachen,
sie kennen noch nicht
ihr Ziel,
ihren Weg:
Ich bin's,
Majakowskij,
der in Molochs Rachen
geköpfte Knaben
trägt.

Erbarmen!

Ihr meint, als die Löwen
die Christen fraßen,
das hätte – Nero getan?
Ich,
Majakowskij,
stürzte
den rasenden
Zirkus in trunkenen Wahn.

Habt Erbarmen mit mir.

Christ ist erstanden.
Während eure Lippen
sich an die Liebe
klammern:
brech ich,
Majakowskij,
den Ketzern die Rippen
in Sevillas Folterkammern.

Erbarmen,
habt Erbarmen mit mir!

Tage!
Raus aus den Hütten der Jahre!
Was wollt ihr noch
rückwärts entdecken?
Ich schleppe den Rauchschweif der Zeit, überfahren
vom brandgefiederten Schrecken!

Ich bin's.

Kein Deutscher,
kein Russe,
kein Türke,
beileibe –
ich selber bin's,
bestellt,
ich reiß den andern das Fell vom Leibe
und fresse vom Fleisch der Welt.
Die Länder sind wie geschlachtete Rinder.
Die Städte – ein Lehmhaufenmeer.

Blutstrom!
In dir
ist kein Tropfen zu finden,
an dem ich nicht schuldig wär!

Ich selbst
schlug andren
Wunden,
stach Augen aus
den Lagerinsassen.
Ich
selbst, vom Kniefall zerschunden,
hab Deutschland aushungern lassen.

Ich spei rote Brände, verwüste,
strecke aus Höhlen die wölfischen Arme.
Leute!
Ihr Lieben!
Im Namen Christi,
Christus zuliebe,
Erbarmen!

Laßt
mein Gesicht im Staub vergraben!
Ich, der Verfluchteste dieser Welt,
werde den Schädel zu Boden schlagen,
büßend, bis er zerschellt!

Steht auf,
von Lügen entstellte Meute,
von Kriegen zerfetzte Krüppel.
Alle!
Jubelt!
Es richtet sich heute
der einzige Kannibale.

Teil V

[...]
Leute! –
ihr Lieben
und Ungeliebten,
Bekannte
und Fremde,
herein zur Tür.
Denn er,
der Freie,
nach dem ich schreie,
der Mensch
wird kommen,
ich bürge
dafür!

1915–1916, geschrieben mit dreiundzwanzig Jahren

BEFEHL NR. 2 AN DIE ARMEE DER KUNST

An euch –
gemästete Singsang-Memmen,
die ihr seit Adams Zeiten
bis heut
ein Theater sich nennende Kaschemmen
mit Arien Romeoundjulias erfreut.

An euch –
ihr Kleckser,
behäbig wie Klepper,
Rußlands wiehernd ziehende Zierde,
die nichts als Blümchen und Wolgaschlepper
im Atelier verstockt
porträtierte.

An euch –
papierene Lyro-Mystiker,
hunzlige Runzelheimer –
Futuristiker,
Imaginistiker,
Akmeistiker,
im Spinnennetz des Gereimes.

An euch –
die ihr eure geleckten Frisuren
tauscht gegen Wildhaar von Zicken.
Bastschuhe – gegen Latschen aus Lack,
Proletkultisten,
die den verschlissenen Puschkinschen Frack
mit ältlichen Fleckchen flicken.

An euch –
ihr Vortänzer, Phrasen Blasende,
offene Beter
und heimliche Sünder,
denen sich unsere Morgenröte
höchst akademisch verkündet.
Ich, –
genial oder nicht, ich sage,
weil ich den unnützen Quatsch gelassen
und jetzt für die Rosta schreib, für die Massen –
ich sage –
bevor sie euch mit Kolben verjagen:
Hört auf!

Hört auf!
Vergeßt,
speit darauf,
auf Reime,
Arien,
den Rosenstrauch,
und ähnliche Gespinste
aus dem Vorrat der Künste.
Wen geht schon was an
dieses »Ach«-Gesinge
für Krethi und Plethi …?
Wir brauchen heute
Handwerker
dringend
und keine Langhaarpropheten.
Es ächzen aus jedem Loch
die Lokomotiven:
»Mechaniker, hört!
los, ins Depot!
Die Kohle vom Don zu hieven!«

An Flußläufen drängt's und stockt's.
Die Dampfer schrein nahezu
aus ihren Lecken nach Docks:
»Gebt uns das Öl von Baku!«

Während wir Zeit verschwenden
im Zorn zurück, wächst vorn
das Jammern der Gegenstände:
»Gebt uns die neue Form!«

Es gibt keine Dummen mehr, die
staunend die »Maestri« beglotzen,
wenn was ihrem Mund entquillt.
Schafft neue Kunst,
Genossen –
zieht
die Republik aus dem Müll!

1921, geschrieben mit achtundzwanzig Jahren

DEUTSCHLAND

Deutschland –
dir schreib ich's!
Nicht aus Rapallo,
daß du die Auslandsschulden erstattest.
Ich suchte auch niemals
dir zu gefallen
mit offiziellem Beifallsgeschnatter.
Ob Wilhelm,
ob Nikolaj
etwas kriegt –
Gezänk von Kaisern ist nicht mein Befug.
Ich habe vom ersten Tag
diesen Krieg
mit Reimen verflucht und ihn angespuckt.
Kerenskij kam mit dem Kugelregen,
triefend von Demokratiegesabbel.
Ich war im Juni
bei denen, die gegen
die Schießerei
gewettert haben.
Und als die französisch-britischen Reihen
euch würgend schüttelten an allen Gliedern,
sang unsre Stimme
das Lied der Freiheit;
es wollte die Front im Handschlag verbrüdern.

Heut
geh ich,
Deutschland, auf deiner Scholle,
ich liebe dich
immer liebevoller.

Ich sah –
die erstarrten Werften der Oder,
Fabriken,
die still in Fesseln verharren.
Trotzdem –
ich glaub's nicht,
du könntest vermodern,
liegend auf einer Totenbahre.
Ich reiß mir
vom Leib
diesen Fetzen Nation.
Du armes Deutschland,
genagt von Plagen,
erlaub mir
wie deinem deutschen
Sohn,
für dich deine Leiden hinauszuklagen.

1922–1923, geschrieben mit dreißig Jahren

JUBILARISCHES
(Zu Puschkins 125. Geburtstag)

Aleksandr Sergejewitsch,
>   erlauben Sie, mich vorzustellen:
>>   Majakowskij.

Legen Sie Ihre Hand
>   an meine Brust,
>>   wo's stöhnt,
>>>   was sonst nur klopft;

der kleine Leu,
>   gezähmt zum Hündchen –
>>   eine Memme.

Ich wußte nicht,
>   mein leichtsinniger Kopf

könnte so viele
>   tausend Tonnen
>>   stemmen.

Sie staunen,
>   wie ich Sie vom Sockel trag?

Es drückt?
>   Es schmerzt?
>>   Mein Teuerster, verzeiht.

Gönnen wir uns
>   ein Stündchen,
>>   bis es tagt.

Wir haben
>   Zeit
>>   noch eine Ewigkeit.

Lassen Sie uns
>   wie Bäche
>>   murmelnd reißen,

wie Frühling
          frei sein,
                   außer Rand und Band!
Der Mond
        am Himmel dort
                   ist jung, verheißend,
ihn jetzt
      allein zu lassen
               wäre zu riskant.
Nun
     bin ich
         frei
             von Liebe
                 und Plakaten.
Als Fell
       liegt da
            der Bär, samt Eifersucht und Groll.
Man
      überzeuge sich,
              die Welt ist schräg geraten, –
drum hock dich
          auf dein Hinterteil
                 und roll!
Nein,
      meine Schwermut will Sie nicht erschrecken,

ich wär jetzt nicht einmal
                zum Plausch imstand.
Nur
     wenn der Reime Kiemen
                sich so recken,
geraten zwei wie wir
          auf dichterischen Sand.
Die Träume – schaden,
            Schwärmerei ist Schande,

man muß
       sie ziehn,
              die öde Alltagsschose.
Doch es kommt vor,
           da zeigt das Sein sich
                     anders,
und du begreifst
          durch allen Quatsch
                 das Große.
Die Lyrik
       haben wir
           aufs Bajonett
              gespießt,
wir suchen Sprache;
          nackt,
            reell und schnell.
Doch Poesie
       – das hundsgemeine Biest –
die gibt's,
       auch wenn du auf den Kopf dich stellst.
Zum Beispiel
       das –
          zum Blöken oder Lesen?
Blaufressig,
       gelber Schnauzer, so als ob
es biblisch wär,
          wie der Nebukadnezar –
»Zuckkoop«.

Die Gläser her!
       Ich kenn
          ein altes Mittel,

im Wein
       den Gram ersaufen,
                schaut –
                     wie diese
Red und White Stars
          da schwimmen, ja, und bitte,
mit einem Haufen
         von diversen Visa.

Ich sitz mit Ihnen gern
          am Tisch,
             bin froh.
Die Muse
       holt aus Ihrem Mund
             aparte pianos.
Sagte es nicht
       bei Ihnen
           Olga so? …
Ach was!
       Das schrieb Onjegin
            an Tatjana:
»Ihr Mann,
      der alte Wallach,
             ist ein Stoffel,
ich liebe Sie,
       ich muß Sie haben, unbedingt,
ich will sofort,
        schon morgens darauf hoffen,

daß unser Treffen tags gelingt. –

Es gab ja manches:
          Vor-dem-Fenster-Lauern,
die Briefschaften,
        den Nervenbrei, das Wimmern.

Doch
      wenn man
            nicht mehr fähig ist zu trauern –
das,
     Aleksandr Sergejitsch,
           ist viel schlimmer.
Auf, in den Süden, Majakowskij,
           husch!
Zerquäle dir mit Reimen
         Herz und Stimme –
Nun
  ist dein Liebesleben auch schon futsch,
          teurer Wladim Wladimytsch.

Nicht,
     daß ich schon ein alter Knochen wär!

Mit meinem Fettbauch
         vorn
schaff ich es noch
      mit zweien
         gut und gern,
sogar mit drei'n –
     im Zorn.
Man sagt –
    ich sei thematisch in-di-vi-du-ell!
Entre nous ...
      sonst streicht's der Zensor prompt.
Man sagt –
    man sah –
       verliebt, wie peinlich, gelt?
sogar
   zwei Mitglieder
      des Höchsten EXEKOM.

Man läßt Gerüchte los,
                    weil das
                                die Meute freut.
Aleksandr Sergejitsch,
                    traun Sie nicht den Leuten!
Vielleicht
            bin ich
                    der einzige,
                                den's reut,
daß Sie nicht unter uns sind
                            heute.
Ich sollte mich
                mit Ihnen
                            jetzt
                                vertragen.
Bald sterb
            auch ich
                    und komm
                                in Ihre Näh.
Wir werden
            tot
                    fast beieinander ragen:
Ich unter M,
                Sie
                    unter P.
Und wer steht zwischen uns?
                                Wen wünschten Sie dabei?
An Dichtern fehlt es
                    elend
                            meinem Lande.
Dazwischen
            – schlimm –
                        machte sich Nadson breit.

Versetzen wir ihn
                    irgendwo
                              ans Ende!
Und Kolja
          Njekrassow,
                      Aljoschas Sohn –
Beim Reimen,
              Kartenspiel,
                          auch sonst nicht schlecht,
                                        beileibe.
Kennen Sie den?
                Der ginge
                          schon.
Der
      paßt zu uns –
                    der könnte bleiben.

Was ist mit Zeitgenossen?!

Für Sie
        würd ich davon
                        mir fünfzig schenken.
Vom Gähnen
            bricht
                    das Kieferbein entzwei!
Gjerassimow,
              Kirillow,
                        Rodow,
                                Dorogojtschenko –
was für ein fader
                  Einheitsbrei!
Jessenin?
          der kommt von der Bauernkoppel.
Zum Lachen!
              Eine Kuh
                        in Handschuhen aus Samt.

Einmal gehört ...
                    die Messe eines Popen!
Ein Balalaikamusikant!

Ein Dichter
              muß
                        auch Lebenskünstler sein.
Stark,
            wie der Sprit, der in Poltawa drüben.

Nun gut, und Besymjenskij?!
                          Ja und nein ...
soso ...
            Kaffee aus gelben Rüben.
Stimmt,
          da ist noch Assejew
                          unter ihnen.
Der kann was.
              Hat von mir den Schmiß,
                                gewisse Linie.
Nur muß der Arme halt
                  so viel verdienen!
Für seine kleine,
              immerhin, Familie.
Lebten Sie noch –
                Sie würden
                          Redakteur im LEF.
Ich könnte Ihnen
                Agittexte
                      überlassen.
Einmal gezeigt:
              »So Form,
                    so der Betreff ...«
Sie würden's schaffen,
                  denn Ihr Stil ist klasse.

Für Ihre Kost
    und Kleidung
        könnt ich sorgen,
auch für Reklame
     mit den
        GUMschen Damen.
(Ihnen zuliebe
     würde ich ab morgen
sogar in Jamben
      stammeln.)
Lassen Sie
    jetzt
     das jambische Palaver.
Unsere Federn
     heute:
       Dolch und Degen –
Revolution
    ›wiegt mehr als Ihr Poltawa‹,
und unsre Liebe
     mehr
      als die Onjegins.
Vorsicht vor Puschkinisten.
       Dieser Tatterich Pljuschkin
mit Federkiel,
    durchrostet,
      wird sich regen:
»Sieh da,
   sogar bei LEFs
      verkehrt jetzt
        Puschkin.
Vergleicht sich
    mit Djerschawin!
       Dieser Neger!«

Ich mag Sie,
              nicht als Mumie,
                              sondern lebend.
Der Schulbuchglanz
                versucht Sie zu entmannen.
Ich mein' –
          Sie hätten
                  auch ganz schön
                                verwegen
herumgetollt,
          Sie Afrikaner!
Hundsfott d'Anthès!
                  Das Großstadt-Parasitchen.
Wir hätten ihn gefragt:
                »Und wer sind *Ihre* Vordern?
Was haben *Sie* getrieben
                  vor dem Jahre 17?«
Er wäre dann davon und nie gesehen worden.

Je nun,
      was hilft der Schwatz!
                          Schon Spiritismus fast.
Sie, Sklaven Ihrer Ehre,
                  traf die Kugel ...
                                Im Vertrauen ...
Bei solchen
          heißt's auch heute:
                          Aufgepaßt!
Bei den diversen
                Schürzenjägern
                              unsrer Frauen.
Bei uns ist's gut
              im Land der Räte.
Man hat zu leben,
                schafft im Freundeskreis.

Nur eben das:
>   an Dichtern,
>   leider, fehlt es –
am End, wer weiß,
>   vielleicht glücklicherweis.
So, jetzt ist's Zeit:
>   die Morgensonne
>   strahlt.
Es könnt
>   der Miliziant
>   Sie suchen.
Man hängt an Ihnen hier
>   am Twerskoi-Boulevard.
Los, auf,
>   ich hebe Sie
>   auf Ihre Stufen.
Ich wär
>   fürs Denkmal
>   schon bei Lebzeit
>   wohl der nächste,
aber ich sprengte es
>   mit Dynamit,
>   weil es mir widerstrebt!
Ich hasse alles das
>   Verweste!
Vergöttre alles,
>   was da lebt!

1924, geschrieben mit einunddreißig Jahren

SENDSCHREIBEN AN DIE PROLETARISCHEN DICHTER

Genossen,
            erlaubt,
                    daß ich frank
                            und frei,
als ältrer Genosse,
                vernünftig, nicht schroff,
mit euch einmal rede,
                mit allen drein:
Genossen Besymjenskij,
                    Utkin, Swjetlow.
Wir recken den Schreihals,
                    wir streiten, erregen,
ersticken
        an unsren
                polemischen Siegen –
ich hab einen Vorschlag zur Güte,
                        Kollegen:
feiern wir
        einen
            lustigen Frieden!

Verwöhnen wir uns
            mit Komplimenten,
schleifen den Eckzahn
                feindlicher Gruppen;
aus Lorbeerkränzen,
                Lunatscharskij-
                        Spenden,
braun wir
        gemeinsam
                Genossenschaftssuppen.

Beschließen wir,
            jeder
                        hat recht in Seinem.
Ein jeder singt
                was ihn
                        beglückt!
Tranchiert
            das Huhn des Ruhms, das gemeine,
und gebt
            einem jeden
                        ein gleiches Stück.

Genug
        der ewigen
                        Sticheleien,
legen wir
            jedes Wort
                        auf die Waage!
Wenn mir
            die Genossen
                        das Wort erteilen –
dann stehe ich auf
                und sage:

Ich schein euch
                akademisch,
                        mit großem Hintern,
ein Dichter
            von
                allerfinsterster Brut,
dabei will ich eins nur
                        tatsächlich
                            finden:

noch mehr Poeten,
            die neu
                    und gut.
Viele
        genießen
                das Klappern der »Wächter«,
damit
        man sie hält
                für Bannerträger.
»Wir sind«, sagen sie, »proletarischer,
                            echter ...«
Und was bin ich, meint ihr?
                        Rubeljäger?
Ich bin
        im Grunde
                Arbeiter, Brüder!
Ich hasse
        den faden
                philosophischen Tran.
Ich kremple die Ärmel hoch:
                        arbeiten?
                                prügeln?
Ich bin dabei,
            gleich los und ran!
Sehr groß
        ist vor uns
                der Aufgabenkreis –
die Menschen brauchen
                    Gedichte, Poeten.
Los, laßt uns schaffen
                    bis zum siebten Schweiß
für größere Mengen,
                bessre
                        Qualitäten.

Kommune
>>> ist Maßstab
>>>>>>> meinem Werk,
in sie
>>> ist meine Seele
>>>>>>> verliebt,
sie ist
>>> meiner Ansicht
>>>>>>> der höchste Berg,
sie ist
>>> meiner Ansicht
>>>>>>> das tiefste Tief.

Die Kunst
>>> kennt weder Freunde
>>>>>>>>> noch Vettern –
kein Gönner
>>>>> kann
>>>>>>> eure Reime retten.
Lassen wir doch
>>>>> das Kriechen
>>>>>>>>> und Klettern,
Genossen,
>>>>> nach Orden und Etiketten.

Ich will nicht
>>>>> protzend
>>>>>>> Kommendes raten,
nur scheint mir
>>>>> in aller Bescheidenheit:

Kommune
>>>>> ist ein Ort
>>>>>>> ohne Bürokraten,

wo das Gedicht,
                das Lied
                        gedeiht.
Doch kaum,
            daß mal einem
                            zwei Reimchen gelungen,
schon nennt man genial
                    die Grünschnabelzunge.
Wir nennen
            den roten Byron
                            den einen,
den andern
            den allerrötesten Heine.

Eins fürchte ich
                für uns alle eben:
die Seelen würden uns
                    flach und krank,
wir könnten
            zu kommunistischen Würden
                                        erheben
die seichteste Schnulze,
                        den blödesten Schwank.
Im Geist sind wir eins,
                    wenn auch nicht in der Kunst:
uns trennt doch nichts
                    in den Herzenssachen.
Wenn wir
        nicht mit euch
                    und ihr
                            nicht für uns,
was würden,
            zum Teufel,
                    wir dann wohl machen?

Und sprach ich
    von euch
        ab und zu mal schlecht,
die Feder-Faust
     zum Schlage
         erhoben,
ich tat's sozusagen
       mit blutigem Recht,
denn ich
    habe länger
        an Reimen gehobelt.
Genossen,
   fort
      mit dem Krämergekeuch:
»Das ist *meine* Kunst –
       mein Tintenfaß!«

Was ich getan,
      das tat ich für euch:
Reime,
   Themen,
     Stimme,
       Baß!
Was wäre launischer,
      fahler
        als Ruhm?
Wenn ich mal sterbe,
      ist alles
        dahin.
Ich pfeife, Genossen,
      auf Eigentum,
auf Geld,
    auf Ruhm
      und andern Klimbim!

Statt uns
          um poetische Macht
                    zu hauen,
einen wir
          Worte,
                    frech oder flau!
Laßt uns doch
          neidlos
                    und namenlos
                              bauen,
Wort-Stein für Wort-Stein,
                    am Kommune-Bau!
Vorwärts,
          Genossen,
                    im Gleichschritt, Gemeinde!
Was sollen uns
          kahle
                    Perücken-Tiraden!
Wolln wir mal fluchen,
                    gibt's immer noch Feinde
jenseits
          der roten Barrikaden.

1926, geschrieben mit dreiunddreißig Jahren

GESPRÄCH MIT DEM STEUERINSPEKTOR
ÜBER DIE DICHTKUNST

Bürger Inspektor!
                    Darf ich unterbrechen?
Danke ...
            ich stehe gern ...
                                ich komme privat ...
Ich möchte
            mit Ihnen
                        was Heikles besprechen:
die Stellung
            des Dichters
                        im Arbeiterstaat.
Wie alle
        Besitzer
                von Gütern, Geschäften,
besteuern Sie mich
                    für meine Mühe.
Sie fordern
            fünfhundert
                        für die Jahreshälfte
und fünfundzwanzig
                    fürs Steuerhinterziehen.
Mein Werk ist
            wie jedes
                    Werk
                        zu nehmen:
Da sehn Sie –
            wie hoch ich investieren muß,
wie groß
        der Leerlauf
                    in meinem Unternehmen,

und was mich kostet
                    der Rohstoffverlust.

Sie kennen
            natürlich
                    das Wesen der Reime.
Zum Beispiel,
            die Zeile
                    endet
                            mit »Papa«,
dann muß man
            die folgenden Silben
                            so leimen,
daß sich die Enden
            gleichen,
                    wie »tramparapa-pa«.
Nach Ihren Begriffen
                    sind Reime
Fällig je Zeile.   Wechsel.
            Ein Zahlungsversprechen.
So suchen wir
            fade Flexionen, Suffixe
in leeren Kassen
            auf Biegen
                    und Brechen.
Wir mühn uns,
            Worte
                    in Verse zu pressen,
sie bocken und bersten –
                    überspannte Bögen.
Bürger Inspektor,
            bei meiner Ehre,
den Dichter
            kosten Worte ein Vermögen.

Nach unsrem Begriff
          ist der Reim –
                   Dynamit.
Ein Pulverfaß.
         Die Zeile –
              lauernde Lunte.
Sie zischt,
       die Strophe explodiert damit,
und eine Stadt
         im Vers
              geht in die Luft und unter.
Wo findet man, wo
           und zu welchem Preis,
noch seltene Reime,
          die tödlich schlagen?
Vielleicht
      sind fünf Stück noch
              möglicherweis
in Venezuela
       zu haben.
Mich treibt's
       hinaus
          in Sturm und Nacht.
Ich stürz mich,
         verstrickt in Schulden, Vorschüsse.
Bürger,
      ziehn Sie den Fahrpreis in Betracht!
Dichten ist
        – ganz! –
             eine Fahrt ins Ungewisse.
Dichten ist so
       wie Radium gewinnen.
Ein Gramm gefördert –
          geschuftet ein Jahr.

Man quält sich ab,

        ein Wort zu ersinnen,

mit tausend Tonnen

        rohen Materials.

Doch

    wie verzehrend

        auch der Worte Glut

zugleich

      mit dem Glimmen

        von Wort-Erzen,

das Wort schafft Leben,

        durchpulst als Blut

tausend Jahre

      und Millionen Herzen.

Gewiß,

    es gibt in der Dichterrunde

auch Reimer

      mit flinken Händen!

Die ziehn

      wie Gaukler

        Zeilen aus dem Munde,

aus eignem

      und aus fremdem.

Von Lyrik-Kastraten

        schweigen wir lieber:

die setzen

      geklaute

       Zeilen

        und sind froh.

Das sind

      gewöhnliche

        Diebe, Betrüger,

sie wuchern bei uns wie auch anderswo.

Die
    zeitgenössischen
                Oden, Gedichte,
beifallsgeile
         Jammerdudelein,
gehn ein
      als Spesen
            in die Geschichte
auf das Werk
        von uns
             zwei'n oder drei'n.
Man muß schon,
         so heißt's,
               ein Pud Salz vertilgen,
hundert Zigaretten
          werden gepafft,
bis man
     gefördert
          die kostbaren Silben
aus dem artesischen
             menschlichen Schacht.
Sehn Sie,
      und gleich fällt Ihr Steuersatz.
Streichen Sie nur
         eine Null,
             Genosse!
Einrubelsechzig
        kostet das Salz,
einrubelneunzig
        hundert Papirossen.
Ihr Formular
       fragt zum Überdruß:
»Sind Sie gereist?
         Und womit gefahren?«

Und wenn ich
           so manchen
                      Pegasus
zu Tode gehetzt
              in den fünfzehn Jahren?!
Sie fragen
         für Ihre Steuergebühren
nach Dienern,
            und ob ich
                       reich bin?
Und wenn ich
            ein nationaler
                         Führer
und Diener des Volks
                    zugleich bin?

Die Klasse
          ist unser
                   Wort-Gewissen,
wir sind
        Proletarier,
                    Träger der Feder.
Auch Seelenmaschinen
                    werden
                          verschlissen.
Dann heißt's:
            »Ins Archiv,
                       genug
                            geredet!«
Es schwindet die Liebe,
                      der Mut und die Bildung,
die Zeit
        verstopft uns
                     die Hirnkanäle,

dann kommt

>>>die schlimmste Schuldentilgung:

die Tilgung

>>>des Herzens und der Seele.

Wenn einst

>>>die Sonne

>>>>>als fette Sau

die Zukunft

>>>bescheint,

>>>>>ohne Krüppel und Ekel,

werde ich

>>>schon

>>>>faulen,

>>>>>krepiert am Zaun,

mit

>>einem Dutzend

>>>>meiner Kollegen.

Ziehn Sie,

>>>Genosse,

>>>>>postume Bilanzen!

Ich weiß –

>>>ich kann es bekunden:

unter den

>>>heutigen

>>>>>Bonzen und Schranzen

bin nur ich

>>>– rettungslos –

>>>>>verschuldet.

Ich muß

>>>Sturm heulen

>>>>>aus kupfernem Hals,

Sirene

>>im Nebel der Spießer-Schlaraffen.

Der Dichter
        ist immer
                ein Schuldner des Alls:
er zahlt
      für sein Elend
            Prozente
                 und Strafen.
Ich
    habe Schulden
               beim Lichtmeer am Broadway,
bei dir,
      Bagdadis himmlische Bleibe,

bei der Kirschblüte Japans,
                der Roten Armee –
bei allem,
        was ich
            versäumt zu schreiben.
Was soll
      überhaupt
           die geniale Blähung?
Nur – daß der Reim trifft,
             der Rhythmus erhitzt?
Das Dichterwort ist
         Ihre Auferstehung,
es macht Sie unsterblich,
           Bürger Kanzlist.
Jahrhunderte später,
         noch einmal geboren,
trifft Sie die Zeile
        aus meinem Buch!
Und aufs neue ersteht
         dieser Tag
            mit Inspektoren,

mit allem Scheinglanz

       und Tintengeruch.

Als Zeitgenossen mit Anspruch auf Ruhm

wird die Dichtung

      Sie

         ins Ewige fahren,

und das berechnend

       legen Sie um

meine Honorare

       auf dreihundert Jahre.

Die Kraft des Dichters

         bewirkt nicht allein,

daß später mal

      rülpst,

         wer von Ihnen hört.

Nein!

    Heut und jetzt

        ist des Dichters Reim

Kosung

     und Losung,

        Knute

         und Schwert.

Bürger Inspektor,

      ich zahle fünf.

Weg

    mit den Nullen,

         die hinten lauern!

Ich verlange

      mit Recht

        einen Platz ohne Schimpf

unter den

     ärmsten

       Arbeitern und Bauern.

Doch wenn
        Sie meinen,
                dichten kann jeder,
der Worte klaut
            aus fremden Wörterbörsen,
dann los,
        Genosse,
            hier meine Feder
und machen Sie mal
            selber
              Verse!

        1926, geschrieben mit dreiunddreißig Jahren

VERSAILLES

Auf dieser
        Straße
                rollten zum Schlosse
zahllos die Ludwigs samt Weibern;
es wippten
          in Seiden
                der Goldkarossen
die zentnerschweren
               Leiber.
In Hast
        und zitternd
               auf knirschendem Kies
vor dem
        Marseillaise-Gedonner,
mit rutschender Hose
              floh aus Paris
Capet;
     er pfiff
           auf die Krone.
Jetzt
    jagt darüber
            die Lust-Metropole
in Autos
        voll Glanz und Licht, –
Kokotten,
         Rentner, Zinsabholer,
Amerikaner
        und ich.
Versailles.
        Ich ruf es als erstes aus:
»Gut hat das Aas hier gehaust!«

Paläste
      mit tausend Sälen zum Schlafen –
in jedem ein Tisch,
           ein Bett,
                was Holdes.
Sowas
     ist heut
         nicht mehr anzuschaffen –
auch wenn du lebenslang
            rauben solltest!
Und hinterm Palast
           diese wasserreichen
– den Durst
        nach Frische
            zu löschen –
Teiche,
      Fontänen,
         und wieder Teiche
mit speienden
        Kupferfröschen.
Galante Manieren
         uns zu vermitteln
stehn
    im Spalier
        Statuetten –
Apollo,
     die armlose Aphrodite,
in langen
      Figurenketten.
Und weiter –
      die Trianons,
          Große, Kleine,
das Badhaus
      der Pompadouren.

Hier brachte man

          die Mätressen ins Reine,

hier trieb man mit ihnen

            Amouren.

So war's schon immer

          auf dieser Welt!

Das Schöne

       verschlägt hier den Atem!

Als wären

     in Benois'

         Aquarell

Achmatowas Verse

        geraten.

Ich betrachtete das,

        betastete dies,

doch in allen

      Lustkabinetten

gefiel mir

    am besten

        der tiefe Riß

im Tischchen

     der Antoinette.

Die Revolution

    schlug hier

       einen Keil

mit dem Messer

      ihrer Experten,

als die Sansculotten,

       bei Tanz und Geschrei,

das Weib

   zur Hinrichtung zerrten.

Ich folg,

   immerhin,

      mit Neid dieser Spur!

Den Gärten –
>> in Rosen und Prunk!
Käme doch
>> zu uns
>> solche Kultur,
nur schneller,
>> mit technischem Schwung!
Die Hütten
>> fege man
>> in Museen
und baue schneller
>> aus Stahl
>> und Glas,
daß jedem
>> das Sehen und Hören vergehe,
Millionen von Arbeitern
>> ihren Palast!
Merkt es euch:
>> Geld
>> und Kupons
>> sind Schrott,
ihr Kaiser
>> – soweit vorhanden –
>> und Erben;
hier fiel mit Antoinettes Kopf
>> vom Schafott
des Himmels
>> Sonne,
>> zu sterben.
So schwand
>> mit leisem Blättergewimmel
das Linden-,
>> Kastanien-
>> Vielerlei.

Der löchrige
                Schleier
                        des Abendhimmels
verbarg
            das museale Versailles.

            1925, geschrieben mit zweiunddreißig Jahren.

WOLKENKRATZER IM LÄNGSSCHNITT

Nimm
      in New York
                einen Häuserriesen,
durchstöbere
         ihn
              von unten nach oben.
Du entdeckst dort
            alte,
                  miese Verliese,
wie bei uns
          die Löcher
                vor dem Oktober.
Parterre –
          Juweliere;
                das glitzt und glänzt
in Läden,
          ganz hinter Gittern begraben.
Im Straßengrau
            Filmhelden;
                  Policemen
bewachen
         mit Hunden
              die fremde Habe.
Im dritten –
         pennen Kontore im Trott.
Es gibt dort
          Löschblätter,
                knechtischen Schweiß.
Das Türschild in Gold
            meldet
               »William Sprott«,

damit jeder weiß,

          wie der Boß hier

               heißt.

Stock fünf.

        Eine Miss zählt

             die Mitgift-Mieder

und wird dabei

        alt

           vom Warten auf Freier.

Sie striegelt

      ihr Achselfell, ihr Gefieder,

und wölbt mit den Brüsten

           die Lochstickereien.

Stock sieben.

       Am häuslichen

          Herd,

            da kriselt's,

mit Schlägen,

       im Sport trainiert und besessen,

schlägt Mister

        der ihm angetrauten Missis,

erwischt beim Ehebruch,

         blutig die Fresse.

Stock zehn.

      Ein Pärchen.

         Im Flitterbett.

Im Rausch,

      wie ihn Adam und Eva nicht hatten.

Es liest

     in der »Times«,

          was es gerne hätt:

»Gelegenheitskäufe! Autos auf Raten!«

Stock dreizehn.
        Die Aktionäre
              mit Verve
verteilen Milliarden,
           und hadern, palavern.
Der Schlager
      des Trusts
          sind die »Schinkenkonserven
aus besten
      Chikagoer
          Hundekadavern«.
Stock vierzig.
       Schlafraum
          der Musical-Diva.
Damit die Scheidung
         der Kundin auch klappe,
kleben am Schlüsselloch
         Detektive,
den Mann
      im fremden Bett
         zu ertappen.
Ein freier Künstler
       – er malt Hinterteile –
im Neunzigsten hofft
        auf seiner Matratze,
des Hausherrn Töchterchen
         anzugeilen,
dem Vater
      ein Machwerkchen
         aufzuschwatzen.
Vom Dach taut der Schnee
        herab die Schrägen.
Im Restaurant
      lauern Nimmersatte:

auf größeren Abfall
                    die WC-Neger,
auf kleineren Abfall
                    die Küchenratten.
Ich sehe,
        ziemlich geladen vor Zorn,
auch das Versteckte
                    hinter Fassaden.
Ich wollt
        siebentausend Werst nach vorn,
und bin
        sieben Jahre zurück geraten.

            1925, geschrieben mit zweiunddreißig Jahren

NACH HAUSE!

Fort, Gedanken, nach Haus.
Umarmt euch,
            Seele und See.
Wer nur
        aufs Vergnügen aus –
ist,
    finde ich,
            einfach blöd.
Ich steck in der elendsten
                aller Kajüten.
Die Decke bebt
            von hämmernden Schritten.
Die ganze Nacht,
            wie verhext,
stampft Tanz
            und wimmert der Text:
»Marquita,
            Marquita,
mein Engelsgesicht,
ach warum,
            Marquita,
liebst du mich nicht ...«

Und warum
            sollte Marquita mich lieben?!
Wo ich
        vollkommen blank?
Und sie
        (Blicke genügen)
folgt jedem
            für hundert Frank.

Wär schick und nicht teuer,

                     das Abenteuer!

Nein,

       Schlaukopf,

               der Sturmdreck mit sich schleppt,

du würdest ihr nur

            das Nähzeug verscheuern,

das Stich für Stich

           Reimseide

                steppt.

Proleten

        kommen zur Kommune

                von unten,

aus untersten Schächten,

             Ställen,

                 Betrieben,

ich

    stürz mich

         vom Himmel der Dichtung hinunter,

denn

    ohne Kommune

           kann ich nicht lieben.

Egal

    was mich hertrieb

          in diese Gegend,

es rostet mein Wort-Stahl,

             mein kupferner Baß.

Wozu

    steh ich hier unter fremdem Regen,

rostend,

     faulend

         und pudelnaß?

Da liege ich,

       über den Teich geschickt,

tatenlos
    träge
        Maschinenkiste,
und fühle mich
       doch
          als Sowjetfabrik,
eine, die Glück produzieren müßte.

Ich will nicht,
       daß man wie Blümchen vom Beet
mich pflückt
      nach der Tageshetze.

Ich will,
    daß der Staatsplan
          in Schweiß gerät,
wenn er
    mein Jahressoll festsetzt.

Ich will,
    daß meinen Gedanken
          die Zeit
als Kommissar Befehle erteilt.

Ich will,
    daß mein Herz sein Liebesglück
wie ein Spezialist den Höchstlohn
          kriegt.

Ich will,
    der Betriebsrat
        soll kommen müssen,
mir meinen Mund
      nach Dienstschluß zu schließen.

Ich will,
       daß die Feder
              schlägt und sticht,
daß Stalin
        im Namen des Politbüros
über die Arbeit der Dichter
             spricht
wie über die Eisen-
         und Stahlproduktion.
Er sage:
     »Nun seht,
          zu welchem Licht
ein jeder von uns
        aus den Löchern stieg:
in der Sowjet-
      Union
         wird jetzt das Gedicht
besser verstanden
       als vor dem Krieg ...«

        1926, geschrieben mit dreiunddreißig Jahren

NACHRUF AUF SERGEJ JESSENIN

Nun sind Sie fort,
   wie man so sagt,
      in eine andre Welt.
Leere ...
  Sie fliegen
     zwischen Himmelslichtern.
Ohne Kneipe,
   ohne Vorschußgeld.
Nüchtern.

Nein, Jessenin,
   das ist
     kein Witz –
ein Klumpen Schmerz,
    kein Schabernack,
      sitzt mir im Schlund.
Ich seh Sie gehn
   – die Hand schlapp, aufgeschlitzt –
mit eignem
   Knochen-Sack-und-Pack
      zugrund.
Hören Sie auf,
   genug!
    Sind Sie denn bei Verstand?
Zusehn,
  wie Todeskreide
    Ihre Wangen bleicht?
Ihnen gelang doch
   manchmal allerhand,
was in der Welt
   kein anderer
     erreicht.

Also weshalb,
        wozu?
                Verzweiflungsakt.
Die Kritiker krakeelen:
                »Schuld war hier
da dies, da das,
            vor allem:
                    kein Kontakt
und folglich
            so viel Schnaps und Bier.«
Sicher,
        hätte auf Sie
                statt der Boheme
                            die Klasse
gewirkt,
        es gäbe keinen Streit. Jedoch:
löscht denn die Klasse
                ihren Durst
Die Klasse – nun, auch sie   mit Wasser?
                säuft wie ein Loch.
Sicher,
        hätte Sie einer von der ›Wacht‹
                            beschützt,
Sie hätten
        an Format
                gewonnen
und
    täglich
        hundert Zeilen
                    ausgeschwitzt,
langweilig
        lang
            wie die von Doronin.

Ich denke,
          hätt man diesen Quatsch
                              vollstreckt,
Sie baumelten
               schon längst am Seile.
Dann besser schon
               an Wodka verreckt
als an Langeweile!

Nichts klärt uns
               die Motive
                         Ihrer Tat,
kein Strick,
               kein Taschenmesser, leider.
Vielleicht,
          hätt das Hotel
                         Tinte gehabt,
gäb's keinen Grund,
                    die Vene
                              aufzuschneiden.
Die Epigonen jubeln:
                    »Noch einmal!«
Man zählt
          schon haufenweis
                         die Freitodfälle.
Es reichte
          ohnehin
                    die Selbstmordzahl.
Viel besser wär's,
               mehr Tinte
                         herzustellen!
Stumm
          ist Ihr Mund.
               Für immer.
                         Wir verwaist.

Schwer
          und verfehlt
                    zu rätseln und zu ahnen.
Das Volk,
          der Sprache schöpferischer Geist,
verlor
          den sangesfrohen
                    Sauf-Kumpanen.
Nun tragen sie
          Gedichteschrott hinab,
kaum abgestaubt
          von alten
                    Totenfeiern,
und rammen
          stumpfe Reime
                    in Ihr Grab –
wird ein Poet
          geehrt
                    mit solchen Leiern?
Ihr Denkmal
          ist noch nicht gegossen,
– wo seid ihr,
          edle Bronze
                    oder Stein? –
doch den Gedächtniskäfig
          füllen
                    die Genossen
bereits mit Widmungsschund
                    und Memoirenschleim.
Ihr Name
          steht gerotzt im Schnupftuchstoff,
Ihr Wort
          bespeichelt Sobinow

und rezitiert
            vor der krepierten Birke:
»Kein Wort, mein Freund,
                    kein Seu-eu-eu-fzer wirke …«
Äh,
        anders reden sollte man mit ihm,

mit diesem
            Leonid von Lohengrin!

Man müßte hochgehn,
                    von der Wut ergriffen:
»Schluß jetzt
            mit Verse-Kaun
                        und -Schmatzen!«,
den Klan
        betäuben
                    mit Dreifingerpfiffen,
ein Gottverflucht
            ihm in die Fratze kratzen!

Daß das Geschmeiß
                gleich auseinanderfliegt,
flatternd
        mit seinen
                    dunklen Rockschoßfetzen,
daß Kogan
        fliehend
                lange Beine kriegt
und seine Schnauzbartlanzen
                    die Passanten
                            verletzen.
Es wimmelt noch
            von Lumpen
                    und von Schändern.

Es gibt genug zu tun,
                    sich zu beweisen.
Man muß
            zuerst
                    das Leben ändern
und erst danach
                lobpreisen.

Der Literat
            ist heute übel dran,
doch sagt mir,
                ihr,
                    verkrüppelte Poeten,
wer von den Großen suchte,
                            wo
                                und wann,
sich einen Weg,
                der leicht
                            und ausgetreten?
Das Wort
            ist Feldherr,
                        los, mit Schwung hinauf.
Marsch!
            daß die Zeit
                        im Flug
                                Raketen speit.
Es fliege nur das Haar,
                        vom Wind zerrauft,
zurück
        in die Vergangenheit.

Es gibt noch
                wenig Lust
                            auf unserm Stern.

Man muß
      die Freude
            aus der Zukunft
                  reißen.
In diesem Leben
        stirbt man leicht und gern.

Bedeutend schwerer ist's:
           das Sein zu meistern.

        1926, geschrieben mit dreiunddreißig Jahren

KRIM

Ob ich zum Fenster seh
                    oder spaziere –
Blumen
        und himmlische Bläue:
da reizt den Blick
                die Glyzinie,
dort den Geruch
                die Magnolie.
Hier trink ich Milch
                statt Tee,
vom Glanz des Mondlichts
                        erfüllt.
Am Tschair
        rauscht
                die See,
Tage
    und Nächte
            wild.
Hier faulen
        in Wassergrüften,
bewacht
        von Wellen-Soldaten,
die aus den Palästen
                geschifften
Tritonen und Najaden.
Jetzt herrscht hier
                neues Leben:
bist satt du
    '   von Badelüsten,
dann leg dich, Arbeiter,
                eben

ins Bett
      von Prinzen und Fürsten.
Die Hochöfen-Berge glühn grell
und das Meer ist ultramarin.
Die Menschen
         repariert man schnell
in der riesigen
      Schmiede der Krim.

1927, geschrieben mit vierunddreißig Jahren

Erzählung des Giessers Iwan Kosyrjow vom Einzug in die neue Wohnung

Ich bin Proletarier.
                              Das sagt alles.
Ich lebte
              wie Mutter mich erschafft.
Und plötzlich
                      bekomm ich
                                      ein ideales
Quartier
              von meiner
                              Genossenschaft.
So – ist es breit.
                      Und hoch – so!
Luft
      und Licht
                  und Gas.
Alles ganz schön,
                      doch am meisten froh
macht mich
              einfach
                        – das:
das strahlt
              weißer noch als der Mond,
ist besser
              als das gelobte Land,
das ist –
              reden wir mal davon:
das ist –
              das Bad.
Das Wasser aus einem Rohr –
sprudelt eiskalt hervor.

Das aus dem heißen Hahn –
rührst du nicht an.
Mit kaltem
                wäscht man
                            den Schopf,
mit heißem
            den Porenschweiß.
»Kalt«
        steht's
                auf einem Knopf,
und auf dem andern
                    »Heiß«.
Ich komme nach Hause,
                        müd zum Verrecken,
es freut kein Kapusta,
                        kein Samowar:
hinein ins Bad –
                es kann Tote erwecken,
so krabbelt
            und kitzelt es Haut und Haar.
Als wär ich
            beim Sozialismus
                            zu Gast,
so stockt mir der Atem
                    vor Jux.
Runter die Hose
                und was du hast,
her mit der Seife
                und …
                        schwups!
Man sitzt
        und wäscht sich
                        lang und länger,

genießt
        nach Herzenslust
                        Frische.
Als wären
        Wolga und Sommer
                        im Zimmer –
    es fehlen nur
            Schiffe und Fische.

Und wär
        zehn Jahre alt
                    der Dreck,
man schält sich
                    wie ein Baum,
der Ruß geht fast
                    wie Rinde weg,
das Aas weicht
                    vor dem Schaum.
Du sitzt, vom Dampf erhitzt,
                            und schwitzt!
Dann –
        greif den Griff und melk:
Ein kühler
        Brauseregen
                    spritzt
    aus blechernem
            Gewölk.

Und wieviel Zärtlichkeit das hat!

Jetzt
        bin ich
                nicht mehr müd:
Es zupft am Ohr,
                macht Haare glatt

und sprüht
      von Glied
            zu Glied.
Ich reib
      das Wasser
            mir vom Leib
mit einem Tier
            von Frottee,
damit die Ferse
            trocken
                  bleibt –
auf einer
      Badematte.

Ich glotz zum Spiegel,
                  der da hängt,
kriech
      in die saubre
            Tracht.
Ich kriech und denk:
                  »Wie richtig lenkt
doch
      unsre
            Sowjetmacht.«

28. Januar 1928, geschrieben mit fünfunddreißig Jahren

ZWIESPRACHE MIT DEM GENOSSEN LENIN

Der Haufen Arbeit,
                    das Kommen und Gehen
wich vor dem Dämmer,
                    der Alltag schwand.
Im Zimmer blieben:
                    ich
                    und Lenin –
er als Bild
          an der weißen Wand.

Mit offenem Mund
                    in packender Rede,
die Borsten
          des Schnurrbarts
                    steif und wirr,
die Falten
          der Stirn
                    ein Gedankengehege
für Riesengedanken
                    einer Riesenstirn.
Tausende
          schreiten
                    an ihm vorbei . . .
Ein Wald aus Fahnen . . .
                    ein Feld aus Händen . . .
Ich stehe
          strahlend vor Freude dabei –
und möchte
          hingehn,
                    grüßen
                    und melden:

»Genosse Lenin,
                    ich melde Ihnen
freiwillig,
               nur aus Liebe zur Sache,
Genosse Lenin, wir bauen und dienen

und werden
                    die höllische Arbeit machen.

Wir kleiden die Armen,
                           klären sie auf,
fördern
           mehr Kohle
                           in kürzerer Frist ...
Doch freilich
               daneben
                           bauen wir auch
auch
        eine Menge
                    Blödsinn und Mist.

Man hat das ewige Streiten
                              satt.
Es blüht
           ohne Sie
                    das Schmarotzertum.
Es tummelt sich
                    sehr viel
                              verschiedenes Pack
in unserem Land
                    und rund
                              herum.
Wer kennt
               die Zahl,
                    wer nennt
                              die Namen,

ein ganzer Zug
            von Typen kleckert:

Kulaken, Bürokraten, Blinde und Lahme,

Sektierer,
            Säufer
                    und Speichellecker.
Sie stelzen
            wichtig
                    und aufgeblasen,
mit Füllern gespickt,
                    an Abzeichen reich ...

Wir werden sie alle
                    natürlich
                            fassen,
doch alle
            zu fassen
                    ist gar nicht leicht.

Genosse Lenin,
            im Rauch der Betriebe,
auf Feldern,
            den blühenden
                    oder
denken,   vereisten,
            atmen,
                    kämpfen
                            und lieben
wir
    in Ihrem
            Namen
                    und Geiste!«

Der Haufen Arbeit,
                    das Kommen und Gehen
wich vor dem Dämmer,
                       ˙der Alltag schwand.
Im Zimmer blieben:
                    ich
                        und Lenin –
er als Bild
            an der weißen Wand.

1929, geschrieben mit sechsunddreißig Jahren

AUS VOLLEM HALSE

Verehrte
          Genossen Nachfahren!
Wenn ihr mal
          graben werdet
                    in der verkohlten Sch . . . . .,
das heutige Dunkel zu erfahren,
werdet ihr
          auch nach mir
                    möglicherweise
fragen, vielleicht sagt
                    euer Gelehrter,
die Fragen erstickend
                    mit Bildungsgequassel,
da lebte mal einer,
          der Siedendes begehrte,
und unreines, rohes Wasser haßte.

Professor,
          legen Sie das Brillenrad beiseit!
Ich erzähle selbst
                    von mir
                    und meiner Zeit.
Ich, Wasserfahrer,
                    der Latrinen leerte,
gerufen und erfaßt
                    von der Revolution,
floh an die Front
                    aus herrschaftlichen Gärten
der Dichtung –
                    der launischen Weibsperson.
Sie kultivierte lieblich ihr Beetchen:

Mädchen,
       Städtchen,
             schau
                 und trau –
»Ich selber hüte mein Blumenlädchen,
ich selber gebe den Blumen Tau.«

So gießt der eine Reime aus der Kanne,
der andre speit sie
               aus dem Maul
– panierte Stelze,
           gestelzte Panne –
wer, zum Teufel, wird daraus schlau!

Nirgendwo gibt's einen Seuchendamm
für das Geklimper-Klimbim:
»Trala-la, trala-la, tam-tam,
tipi-tim ...«

Was wär das schon,
             wenn aus solchen Rosen
meine Standbilder ragten fies
im Stadtpark,
         bespuckt von Tuberkulosen,
bei H ...., Gaunern
           und Syphilis.
Auch mir
     hängt die Propaganda
               aus'm Hals,
auch ich
     sänge leichter
             Romanzenschmalz –
mehr Liebreiz
     und mehr Profit.

Doch ich
        überwinde
              mich
                        jedenfalls
und tret auf die Kehle
                        dem eignen Lied.
Hört
        Nachkommen den unbändigen
Agitator,
             den Schreihals-Offizier.
Ich überschreie
               die plätschernden Ständchen
und überschreite
               die lyrischen Bändchen
und spreche zu euch,
               lebendig wie ihr.
Ich komme zu euch
               ins kommunistische Weit
nicht
        wie Jessenins Schmachtserenaden.

Mein Lied kommt an
                  über Raum und Zeit
und über die Köpfe
               von Dichtern und Staaten.
Mein Lied kommt an,
               doch nicht so, Genossen,
wie Amors Pfeile
             in lyrischen Possen,
wie beim Münzensammler
                  ein alter Groschen,
oder wie das Sternlicht, das längst erloschen.

Mein Lied
        zerreißt
             die Zeit mit Kraft

und bleibt bestehn
          derb,
                    griffig,
                              laut,
wie die Wasserleitung,
              so dauerhaft,
einst von den Sklaven Roms
                    erbaut.
Stoßt ihr in Büchern,
                im Grab der Gedichte,
durch Zufall auf eisenbeschaffene Strophen,
dann hebt sie
          mit Achtung
                    ins Licht der Geschichte
wie alte
      doch furchterregende Waffen.

Für Schmeichelei
              bin ich
                    unbegabt;
den Jungfrauenöhrchen
                  in Papilloten
erzähle ich nie
            elegante Zoten.
Ich kommandier
            meine Seiten wie Rotten
und schreite die Front
                  der Zeilen ab.
Die Verse stehen
              bleiern-schwer,
gefaßt auf den Tod
                und auf Heldengrüfte.
Stramme Poeme,
            Gewehr an Gewehr,

drohen
          mit zielenden Überschriften.
Die allerliebsten Waffen
                    blitzen,
bereit
          im Sturme loszutanzen,
die Kavallerie
                    meiner schnellen Witze
sträubt ihre Reime
                    wie spitze Lanzen.
Und das
          bis an die Zähne bewaffnete Heer,
zwanzig siegreiche Jahre
                    schwer,
bis zum
          allerletzten Blatt,
widme ich dir,
                    Proletariat.
Des Arbeitervolkes
                    Klassenfeind
ist auch der meine,
                    der mich bedroht.
Uns hat
          das rote Banner
                    vereint
durch Jahre der Arbeit
                    und Tage der Not.
Wir schlugen
                    Marx auf,
                              Band für Band,
wie bei uns
                    zu Hause
                              den Fensterladen,

doch auch ohne Bücher
     wußten wir bald,
wo wir zu gehn
   und zu kämpfen haben.
Wir
  lernten Dialektik
     nicht von Hegel.
Sie drang mit dem Kampflärm
      in die Gedichte.
Als die Spießer
    flüchteten
      vor unsern Schlägen,
wie früher
   wir
    vor ihnen geflüchtet.
Mag doch
   der Ruhm
     die Genies beweinen,
als Witwe im Leichenzug
      sich schleppen –
du, mein Gedicht,
    stirb wie die Gemeinen,
wie die Namenlosen
     im Kampf in den Steppen!

Ich spei
   auf die Bronze und auf den Stein,
ich spei
   auf den ekligen Marmorismus.
Der Ruhm
   wird uns sicher gerecht zuteil:
der kampfgeborene
    Sozialismus

soll
    unser aller
        Denkmal sein.
Nachkommen,
        angelt in Wörterbuchteichen:
Ihr holt
    aus der Lethe
        Reste von Leichen
wie »Prostitution«,
        »Schwindsucht«,
          »Blockade«.
Für euch,
    lauter
        Gesunde und Reiche,
leckte ich
    auf
        allen Seuchenspeichel
mit rauher Zunge meiner Plakate.

Allmählich
        nehme ich Ähnlichkeit an
mit Ungeheuern
        von Schwanz-Fossilien.
Genosse Leben,
        schneller
          voran,
voran
    mit Fünfjahresplan-Schritten
          zum Ziele.
Mein Dichten
        füllte mir nie
          die Taschen
mit Rubeln –
    oder mit Möbeln mein Haus.

Mit einem Hemd,
                  das frisch gewaschen,
ich sag es ehrlich,
              komme ich aus.
So trete ich
          einst
              vors Zentral-
                    Komitee
gegen die Bande
              poetischer
                  Kriecher
und erhebe
          als Ausweis der KP
hundert Bände
            meiner
                parteiischen Bücher.

Januar 1930, geschrieben mit siebenunddreißig Jahren

IOSSIF ALEKSANDROWITSCH BRODSKIJ

(1940–1996)

Я ОБНЯЛ ЗТИ ПЛЕЧИ …

Я обнял эти плечи и взглянул
на то, что оказалось за спиною,
и увидал, что выдвинутый стул
сливался с освещенною стеною.
Был в лампочке повышенный накал,
невыгодный для мебели истертой,
и потому диван в углу сверкал
коричневою кожей, словно желтой.
Стол пустовал, поблескивал паркет,
темнела печка, в раме запыленной
застыл пейзаж, и лишь один буфет
казался мне тогда одушевленным.
Но мотылек по комнате кружил,
и он мой взгляд с недвижимости сдвинул.
И если призрак здесь когда-то жил,
то он покинул зтот дом. Покинул.

ICH NAHM DIE SCHULTERN IN DEN ARM*

Ich nahm die Schultern in den Arm und sah
dahinter, so als gäb's dort eine Stimme,
und merkte, daß der Ausziehtisch beinah
mit der erhellten Wand zusammenschwimme.
Das Licht des Lämpchens flackerte und troff,
entlarvte der verwohnten Möbel Narben,
und deshalb leuchtete der Teppichstoff
im Eck beinahe gelb, so kupferfarben.
Der Tisch war leer, fahl glänzte das Parkett,
der Ofen dunkelte, der Landschaft fehlte
das Leben auf dem Bild, mir war, als hätt
nur die Kredenz ein Wesen, das beseelte.
Doch kreiste durch den Raum ein Schmetterling
und löste meinen starren Blick vom Zimmer.
Wenn sich hier je ein Hirngespinst verfing,
dann floh es jetzt aus diesem Haus. Für immer.

1962, geschrieben mit zweiundzwanzig Jahren

DER SCHWARZE HORIZONT*

Der schwarze Horizont war heller als
das Schwarz von seinen Fesseln, seinem Hals.
Wir sahn an jenem Abend dieses Roß
als unser Lagerfeuer Funken schoß.

Nichts war so abgrundschwarz wie eben er.
Auch seine Zähne waren schwarz wie Teer.
Er war ganz dunkel wie die Nacht, das Nichts.
Vom Schweif zur Mähne jenseits jeden Lichts.
Obwohl ganz anders, dunkler als genug
sein Rücken schwärzte, der nie Sattel trug.
Er stand bewegungslos. Als wenn er schlief.
Das Schwarz der Hufe ängstigte uns tief.

Er war ganz schwarz, nahm keinen Schatten wahr.
Bis auf das äußerste verdunkelt – fast ein Mahr.
So schwarz wie Nebel in der Finsternis.
So schwarz wie innen eine Nadel ist.
So schwarz wie ferne Bäume, dunkelgrell.
Wie in der Brust das schwarze Rippenfell.
So wie die Saat in ihrem Ackerloch.
Ich dacht, wir seien innen schwarz, jedoch
er dunkelte noch schwärzer in die Flur!
Es war erst Mitternacht auf unsrer Uhr.
Er kam nicht näher. Seine Leisten, breit,
beherrschte bodenlose Dunkelheit.
Sein Rücken war bereits vor Schwärze weg.
Es gab an ihm nicht einen lichten Fleck.
Das Weiß im Auge glühte schwarz heraus.
Noch schrecklicher sah seine Iris aus.

Als wär er irgendwessen Negativ.
Warum nur stand er so als wenn er schlief,
ohne Bewegung bis zum Morgengraun?
Warum am Feuer, damit wir ihn schaun?
Warum nur atmete er schwarzen Staub
und raschelte mit dem zertretnen Laub?

Warum vergoß sein Auge schwarzen Dunst?
Er suchte seinen Reiter unter uns.

1961, geschrieben mit einundzwanzig Jahren

GROSSE ELEGIE FÜR JOHN DONNE

John Donne schlief ein. Alles ringsum schlief ein.
Wand, Boden, Bettzeug, Bilder schliefen ein,
Tisch, Teppich, Riegel, Haken schliefen ein,
die ganze Garderobe, Anrichte, Gardinen, Kerzen.
Alles schlief ein. Glas, Flasche, Schüsseln,
Brot, Messer, Porzellan, Geschirr, Keramik,
Uhr, Schränke, Wäsche, Fensterscheiben, Lampe,
die Treppenstufen, Türe. Überall ist Nacht.
Nacht überall: in Winkeln, Augen, Wäsche,
im Tisch, in den Papieren, in der fixen Rede,
in ihrem Wort, im Brennholz, in der Zange, Kohle,
in dem erloschenen Kamin, in jeder Sache.
In Hausschuhn, in der Weste, in den Strümpfen, Schatten,
hinter dem Spiegel, in der Stuhllehne, im Bett,
und abermals im Kruzifix, im Becken, Laken,
im Besen vor der Tür, im Schuh. Alles schlief ein.
Alles schlief ein. Das Fenster. Und der Schnee vorm Fenster.
Des Nachbardaches weiße Schräge. Wie ein Tischtuch.
Sein First. Das ganze Viertel, tief im Schlaf,
vom Fensterrahmen tödlich kleingeschnitten.
Die Bögen, Wände, Fenster, alles schläft.
Das Holz- und Kopfsteinpflaster, Gitter, Blumenbeete.
Kein Licht geht auf, kein Rädchen knarrt ...
Die Zäune, die Verzierungen, die Straßenzeilen, Pfosten.
Tür, Ringe, Griffe, Haken schliefen ein,
die Schlösser, Riegel, ihre Schlüssel, Stöpsel.
Kein Flüstern, Rascheln, Klopfen ist zu hören.
Der Schnee nur knistert. Alles schläft. Nichts wacht.
Die Kerker, Burgen schliefen ein. Die Waage schläft
im Fischgeschäft. Die Schweineseiten schlafen.
Die Häuser, Hinterhöfe, Kettenhunde schlafen.

In Kellern schlafen Katzen, mit gespitzten Ohren.
Die Mäuse, Menschen schlafen. London schläft ganz tief.
Im Hafen schläft das Boot. Das Wasser mit dem Schnee
plantscht unter seinem Bauch im Schlaf, und in der Ferne
fließt es zusammen mit dem eingeschlafnen Himmel.
John Donne schlief ein. Zugleich mit ihm das Meer.
Das Kreideufer schläft bei den Gezeiten.
Die ganze Insel schläft, von einem Schlaf umarmt.
Und jeder Garten wurde dreimal zugeriegelt.
Die Ahorne, die Buchen, Fichten, Tannen schlafen.
Die Bergeshänge, auf den Hängen Bäche, Pfade schlafen.
Die Füchse und der Wolf. Der Bär kroch in sein Bett.
Der Schnee verweht den Eingang zu den Höhlen.
Auch Vögel schlafen. Ihr Gesang verscholl.
Die Krähen schreien nicht. Des Nachts der Eule
Gelächter hört man nicht. Die Weite Englands schweigt.
Ein Stern blinkt auf. Die Maus geht jetzt zur Beichte.
Und alles schläft. In ihren Gräbern liegen
die Leichen alle. Ruhen sanft. In Betten
da schlafen Lebende in Meeren ihrer Hemden.
Sie schlafen einzeln. Fest. Auch Arm in Arm.
Alles schlief ein. Wald, Berge, Flüsse schlafen.
Wild, Vögel schlafen, tote Welt, das Leben.
Nur weißer Schnee fällt aus dem Nachtgewölbe.
Selbst dort wird jetzt geschlafen, über allen Köpfen.
Die Engel schliefen ein. Die Heiligen vergaßen
die angsterfüllte Welt – zu ihrer heilgen Schande.
Gehenna schläft und auch das schöne Paradies.
Kein Mensch verläßt zu dieser Stund sein Haus.
Gott Vater schläft. Die Erde ist jetzt fremd.
Das Aug' ist blind, das Ohr hört nicht mehr hin.
Der Teufel schläft, mit ihm zusammen schläft
die Feindschaft in dem Schnee auf Englands Feldern.
Die Reiter schlafen. Gabriel mit Posaune,

die Pferde schaukeln hin und her im Schlaf.
Und alle Cherubim – in einer Schar, umarmt,
unter der Kuppel in der Pauluskirche schlafen.
John Donne schlief ein. Es schlafen die Gedichte,
und alle Bilder, Rhythmen, starke, schwache,
sind unauffindbar. Laster, Sehnsucht, Sünden,
sie ruhen lautlos gleich in ihren Silben.
Ein Vers ist zu dem andern wie ein Bruder,
obwohl sie zueinander flüstern: rück ein wenig.
Doch jeder ist so weit vom Himmelstor entfernt,
so arm, so dicht, so rein, daß – innerlich vereint.
Die Zeilen schlafen tief. Des Jambus strenge Wölbung.
Trochäen schlafen, wie die Wächter, links und rechts.
Und darin schläft das Traumbild von der Lethe.
Und hinter ihm ein anderes – der Ruhm.
Die Sorgen schlafen alle. Die Beschwerden schlafen.
Die Laster schlafen. Gutes hat umarmt das Böse.
Propheten schlafen. Und der weiße Schneefall sucht
im Umfeld nach den winzig kleinen schwarzen Spuren.
Alles schlief ein. Die Bücherstapel schlafen.
Die Wörter-Flüsse, zugedeckt vom Eise des Vergessens.
Es schlafen alle Reden, ihre ganze Wahrheit.
Es schlafen ihre Ketten, leise klirrn die Glieder.
Es schlafen alle tief: Gott, Heilige, der Teufel.
Und ihre bösen Diener. Ihre Freunde. Kinder.
Und nur der Schnee knarrt durch die Dunkelheit der Wege.
Mehr Laute gibt es nicht, nicht in der ganzen Welt.
Doch still! Du hörst – dort, in dem kalten Finstern,
dort weint ja jemand, jemand flüstert ängstlich.
Dort ist dem Winter jemand ausgeliefert.
Und weint. Dort ist im Dunkel jemand.
Die Stimme ist so dünn. So dünn, wie eine Nadel.
Und ohne Faden … Und sie schwimmt im Schnee
verlassen. Überall ist Kälte, Nebel …

Sie nähen Nacht und Dämmerung zusammen ... Oben.
»Wer schluchzt denn dort. Bist du's, mein Engel,
der auf die Rückkehr meiner Liebe wartet, unterm Schnee,
so wie der Lethefluß? Du gehst im Finstern heim.
Bist du's, der schreit im Dunkel?« – Keine Antwort.
»Seid ihr es, Cherubim? Der Klang so vieler Tränen
erinnert mich an Trauerchöre.
Habt ihr es nicht gewollt, mein schlafendes Konzil
so plötzlich zu verlassen? Ihr? Seid ihr es?« – Schweigen.
»Bist du es, Paulus? Freilich, deine Stimme
ist allzu rauh geworden von der strengen Rede.
Hast du im Finstern nicht dein graues Haupt gesenkt
und weinst dort?« – Nur die Stille echot.
»Hat nicht die Hand, die überall hier blinkt,
den Blick im Finstern zugedeckt?
Bist du es, Herr? Mag mein Gedanke wild sein.
Doch weint hier eine allzu hohe Stimme.«
Die Stille schweigt. – »Hast, Gabriel, etwa du
ins Horn geblasen, und wer bellt so laut?
Hab ich allein die Augen nur geöffnet,
während die Reiter ihre Pferde satteln.
Alles schläft fest. Im Arm des dichten Dunkels.
Und Botenscharen jagen schon vom Himmel.
Bist du es, Gabriel, der einsam hier so schluchzt,
im Finstern, mit Posaune, mitten dieses Winters?«

»Nein, das bin ich, John Donne, ich, deine Seele.
Ich trauere verlassen hier in Himmelshöhen,
daß ich mit meiner Arbeit alle die Gefühle
und die Gedanken, schwer wie Ketten, schuf.
Mit dieser Last beherrschtest du den Flug
durch Leidenschaften, Sünden, und noch höher.
Du warst ein Vogel, und du sahst dein Volk,
ganz, überall, über die Dächer fliegend.

Du sahst das weite Land und alle Meere.
Du sahst das Höllenreich – in dir, und dann – das wahre.
Das lichte Paradies sahst du genauso klar
in jener traurigsten – von allen Leidenschaften – Fassung.
Du sahst: das Sein, es ist wie deine Insel.
Dir ist auch dieser Ozean begegnet:
von allen Seiten Dunkel, Dunkel und Geheul nur.
Du flogst um Gott herum und jagtest dann zurück.
Doch diese Last wird dich nicht aufwärts lassen,
seit diese Welt – nur hundert Türme
und ein paar Flüsse und, beim Blick nach unten,
das schreckliche Gericht fast gar nicht schrecklich dünkt.
Auch ist das Klima dort, in jenem Lande, starr.
Alles von dort ist wie ein siecher Traum der Lähmung.
Der Herr von dort – ist nur das Licht im Fenster
bei Nebelnacht im allerletzten Haus.
Auch Felder kommen vor. Von keinem Pflug gepflügt.
Nicht von den Jahren, nicht Jahrhunderten.
Nur Wälder stehn wie eine Wand ringsum,
und nur der Regen tanzt im hohen Gras.
Der Holzfäller, der erste, dessen dürres Pferd
sich mal durchs Angstgestrüpp hierher verirren sollte,
wird, hochgeklettert, von der Kiefer plötzlich Feuer sehen
in seinem Tal, dort, in der Ferne.
Alles ist in der Ferne. Hier das trübe Land,
der Blick, gelassen, gleitet über ferne Dächer.
Hier ist es hell, man hört kein Hundeheulen,
man hört das Glockenläuten überhaupt nicht.
Und er begreift, daß alles fern ist. In die Wälder
zurück wird er sein Pferd mit heftiger Bewegung lenken.
Dann werden Zügel, Schlitten, Nacht, das arme Pferd
und auch er selbst – zum Traumbild aus der Bibel.

Ich weine also, weine: nirgendwo ein Weg.
Zurückzukehren zu den Steinen ist mein Schicksal.
Ich darf leibhaftig dort nicht mehr erscheinen.
Nur leblos ist mir vorbestimmt dort hinzufliegen.
Ja, ja, allein. Nachdem ich dich vergaß, du meine Welt,
in feuchter Erde ewig dich vergaß, um in der Spur
der Qual von unfruchtbaren Sehnsüchten zu schwimmen,
mit meiner Leiblichkeit unsere Trennung flicken.
Doch höre! Während ich dein Nachtlager mit Weinen
verstöre hier – fällt ungeschmelzt ins Dunkel
der Schnee und näht unsere Entzweiung hier zusammen,
und hin und her fliegt, hin und her, die Nadel.
Ich bin es nicht, der schluchzt – du weinst, John Donne.
Du liegst allein, Geschirr schläft in den Schränken,
solange Schnee fällt auf das Haus im Schlaf,
solange Schnee von dort ins Dunkel fällt.«

Er schläft in seinem Nest, ein Ebenbild der Vögel,
hat seinen reinen Weg, den Wunsch nach bessrem Leben
ein und für alle Mal dem Sternlicht anvertraut,
das jetzt im Augenblick versteckt ist hinter Wolken.
Ein Ebenbild der Vögel. Rein ist seine Seele,
obwohl der Erdenweg, so sagt man, sündig ist,
noch wesentlicher als ein Krähennest
über der grauen Vielzahl leerer Starenkästen.
Der Vögel Ebenbild, auch er wird tags erwachen.
Jetzt – liegt er unter einer weißen Decke,
solange Schnee und Traum den Raum zwischen der Seele
und seines Körpers Schlaf mit einer Naht verbinden.
Alles schlief ein. Doch warten noch aufs Ende
zwei-drei Gedichte, und ihr Mund grinst zahnlos,
weltliche Liebe sei – nur Pflicht des Sängers,
die geistige dagegen nur des Abtes Hülle.
Auf wessen Mühlenrad man diese Wasser gösse,

sie mahlten immer nur dasselbe Brot auf Erden.
Wenn jemand auch mit uns das Leben teilte,
wer würde unsren Tod denn mit uns teilen?
Der Webstoff hat ein Loch. Ein jeder zerrt, wer will.
An allen Enden. Läßt es. Kommt dann wieder.
Ja, noch ein Ruck! Und nur das Firmament
greift in dem Dunkel manchmal nach des Schneiders Nadel.
Schlaf, schlaf, John Donne. Schlaf tief, und quäl dich nicht.
Die Jacke hat ein Loch, jawohl. Sie hängt verzagt.
Sieh hin, und du erblickst in Wolken jenen Stern,
der durch so viele Jahre deinen Frieden schützte.

1963, geschrieben mit dreiundzwanzig Jahren

DAS OFENFEUER GLOMM*

Das Ofenfeuer glomm im Dunkel schwach.
Doch die Gedanken an den kalten Winter,
den langen Winter, schwirrten tausendfach,
und es verbarg sich Seltsames dahinter.
Wie muß die Trauer sein, wenn wir so stark
an die verschwommne Landschaft denken müssen,
statt an den um drei Ecken nahen Park,
wenn jene nicht mehr da ist; wie wir wissen.
Ja, zu begreifen, alles ging vorbei
fast zwei Jahrhunderte vor unsren Tagen,
– und irrend durch den Wald in Schwärmerei
nicht mehr zu hören, wie die Fäller schlagen.
Die Stämme, Sträucher stehen wie gewohnt.
Die Hügel kuschen in der Ferne düster.
So wie das Ofenfeuer brennt der Mond,
verbrennt die Stämme; die nicht einmal knistern.

1964, geschrieben mit vierundzwanzig Jahren

GENNADIJ NIKOLAJEWITSCH AJGI

(1934*)

РАННЕЕ С ЧУВАШСКОГО

пускай я буду среди вас
как пыльная монета оказавшаяся
среди шуршащих ассигнаций
в шелковом скользком кармане:
звенеть бы ей во весь голос
да не с чем сталкиваться чтобы звенеть

когда гудят контрабасы
и когда вспоминается
как в детстве ветер
дымил дождем в осеннее утро -

пускай я буду
стоячей вешалкой
на которую можно
вешать не только плащи
но можно повесить еще что-нибудь
потяжелее плаща

и когда перестану я верить в себя
пусть память жил
вернет мне упорство
чтобы снова я стал на лице ощущать
давление мускулов глаз

FRÜHES AUS DEM TSCHUWASCHISCHEN

laßt mich in eurer mitte sein
wie eine staubige münze
zwischen raschelndes papiergeld geraten
in der glatten seidenen tasche;
sie sollte laut klingen
doch nichts ist zum anstoßen da um zu klingen

wenn baßgeigen dröhnen
und wenn einem einfällt
wie in der kindheit der wind
am herbstlichen morgen regnerisch rauchte –

laßt mich
ein kleiderständer sein
auf den man nicht nur mäntel
hängen könnte
sondern auch anderes
das schwerer ist als ein mantel

und sollte ich aufhören an mich zu glauben
dann gebe mir das gedächtnis der adern
die beharrlichkeit wieder
auf daß mein gesicht aufs neue
den druck der sehmuskeln spürt

1954, geschrieben mit zwanzig Jahren

AUS EINEM GEDICHT ÜBER WOLKER

hinter dem fenster in den verstecken der wiesen
leuchten wie anthrazite
die schwarzen bahnwärterhäuschen

und abends neben den gleisen
brennen die winzigen roten laternen
so ruhig und konzentriert
als säßen in ihnen
kleine chronisten
und schrieben geräuschlos schüchtern

daß die legende noch dauert

1957, geschrieben mit dreiundzwanzig Jahren

ENDE

kahl wie kohle: es gibt existiert
kein gespräch keine gegenseitigkeit nur das schreien
in der uns gegebenen leere
nur zwei lebenszeichen
den schrei und den schreier

und sollte auch hier alles enden
dann sei es fern einfach
oder wie die scheiben alter freudloser fenster
oder wie eine nachgedunkelte wand
eines kleinen hauses

ende der leere beginn
der zuflucht und des verstecks

der vom schrei bestimmte weg ist bekannt:
der mensch verliert sich im ursprung
langsam innerlich verödend
und bereits zusammenfließend mit der stille

so gehe der schrei bis ans ende der leere
durch funkelnde teilchen der luft
ohne sich an sie zu klammern
seine ganzheit wahrend
nach dem recht der besonderen marter

und er halte an
an der fremden fensterscheibe
bleibe davor wie seine spiegelung haften und dröhne

bis sie ihn übertönen
die antwortschreie von innen

1957, geschrieben mit dreiundzwanzig Jahren

VORAHNUNG DES REQUIEMS

ihr werdet keine ruhe finden
in der klaren gegenwart seines grabes

wird euch kühle zuteil
wie auf einer offenen wiese im wald
die sich verfinstert und erlischt
umkreist
von bäumen die ihre geräuschlose rinde verdunkelt

und deutlicher als euer *wir sind*
wird das licht des hellen bildes
von dem eure augen weh tun werden
durchschaubar bis auf den grund
mit dem schmalen stirnbein
einem farblosen maulkorb ähnlich

und es wird ruchbar werden daß schon damals
als er durch und durch noch heiß
weich und feucht wie ein kind war

als er zum abschied drei worte
die letzten des glaubens sagen wollte
und zu diesem zweck das gesicht
in etwas menschliches vergrub –

daß es auch damals
eure hände waren

und wir werden uns das erkaltende gesicht
einprägen das immer mehr wie eine maske
aussehen wird
von den händen der mörder geformt

1957, geschrieben mit dreiundzwanzig Jahren

HIER

wie ein dickicht im wald ist die von uns erwählte
art der schlupfwinkel
worin sich menschen verbergen

das leben floh nach innen wie der weg in den wald
und die vokabel *hier*
scheint mir jetzt seine hieroglyphe

und sie bedeutet erde wie himmel
und das was im schatten ist
und das was wir mit den eigenen augen sehen
und das was ich in gedichten nicht mitteilen kann

und die auflösung der unsterblichkeit ist nicht mehr als die
                                                                auflösung
eines von kalter nacht beleuchteten strauches –
der weißen zweige über dem schnee
der schwarzen schatten auf dem schnee

hier antworten alle einer dem andern
in einer ursprünglich-hohen sprache
so wie ein lebensteilchen
dem unzerstörbaren teilchen daneben antwortet

hier im verstummten garten
an den enden gebrochener zweige
suchen wir nicht nach häßlichen klumpen harz
die aussehen wie die leidgeprüften gestalten
die den gekreuzigten am abend des unglücks umarmen

und wir kennen kein wort und kein zeichen
von denen das eine höher wär als das andre
hier leben wir und hier sind wir herrlich
und hier verstummend beschämen wir die wirklichkeit
und sollte der abschied von ihr auch hart sein
so steckt sogar darin leben –
wie eine uns nicht hörbare
kunde an sich

und abgerückt von uns
wie das spiegelbild eines strauches im wasser
bleibt sie daneben
um später an unsere stelle
zu treten

damit menschenräume
sich in lebensräume verwandeln
für alle zeit

1958, geschrieben mit vierundzwanzig Jahren

TAG

und wieder träumen mir
im widerschein des asphalts
hier glänzende hügel dort schwarze mulden
flimmern gewaltige kreise
wie in der flut
einer riesigen see aus froschlaich

und am tage verwandelt sich die asphaltarena
in etwas das stark erinnert
an die bühnen aus Shakespeares zeiten

und hinter jedem laternenpfahl glitzern
berge – und flüsse – und leuchttürme

und die stadt ist wieder eine see
und die schneewehen eiszapfen lachen
sind nur wellenkämme
des unsichtbaren meeres

und dieses meer ist stürmisch
von spuren der autos – der kinderschlitten – der gummistiefel

und die ballung all dieser spuren
und zeichen in einem jahr
ist der seegang
der Stadt-See

gegen abend ist die stadt wieder stadt
und die menschen rufen sich menschen
und die gassen von Samoskworetschje
in der frühen brautschau der stadt

leuchten
mit einem leisen licht
das es nur in kinderzimmern gibt
wenn die zeit kommt

da Andersens bleisoldaten ausgang haben

1958, geschrieben mit vierundzwanzig Jahren

BLUTSVERWANDTES

ich sollte
mit den lippen
ihre grenzenlosen augen erreichen

und mich dann ein wenig wundern über die pulsierenden
       adern
an ihrem unteren lid
und begreifen daß es von der durchsichtigkeit
und der körperlosigkeit kommt
so hell und schmerzlich
sind diese leise zuckenden augen

und ich sollte sie liebgewinnen mit händen und lippen
und mit dem schweigen und mit dem traum und mit den
       straßen meiner gedichte
und mit der lüge – für den staat
und mit der wahrheit – für das leben

und mit den bahnsteigen aller stationen
wo ich zum letzten mal
auf die heißen schwarzen rücken der lokomotiven
in den häfen der depots blicken werde

sie überlassend
den menschenschlangen und verstecken
der kleinen schrecklichen städte Sibiriens
von ihnen fortfahrend für immer

in das gemetzel der menschen
meines jahrhunderts

1958, geschrieben mit vierundzwanzig Jahren

WINTERLICHES GASTMAHL

> *... unsere Abende-Abschiede.*
>
> B. Pasternak

Weg

Wenn uns niemand mehr liebt
fangen wir an
die mütter zu lieben

Wenn uns niemand mehr schreibt
erinnern wir uns
an die alten freunde

Und worte sprechen wir aus nur deshalb
weil uns das schweigen schreckt
und die erregung gefährlich ist

Am ende – in den verwilderten parks des zufalls
weinen wir ob der jammervollen trompeten
der jammervollen orchester

1958, geschrieben mit vierundzwanzig Jahren

ABFAHRT

Vergessen werden zwiste,
abreisen, briefe.

Wir werden sterben, und bleiben wird
das heimweh der menschen
nach einer kaum empfundenen spur,
einer welle, die ihre träume,
die müdigkeit, das gehör
verlassen hat.

Nach einer spur dessen,
das irgendwann
wir hieß.

Wozu also das leben,
die menschen, dich, mich anklagen,
wenn wir uns
gegenseitig als gezeiten
verlassen werden,

wenn weder schnee noch schienen, nur musik
die räume messen wird
zwischen unseren gräbern.

1958, geschrieben mit vierundzwanzig Jahren

RUHE

Wie
durch blutige zweige
dringst du ins helle.

Hier ähneln sogar die träume
dem netzwerk der sehnen.

Was tun, wir auf der erde
mimen menschen.

Und dort –
der unterschlupf der wolken,
und die trennwände
von gottes träumen,
und unsere ruhe, von uns gestört,

dadurch, daß wir sie irgendwo auf dem grund
sichtbar und hörbar
machten.

Und so reden wir hier mit stimmen,
sind sichtbar als schattierungen,
doch unsere wirklichen stimmen
hört niemand,

und, reinste blume geworden,
erkennen wir einander nicht.

1960, geschrieben mit sechsundzwanzig Jahren

WOLKEN

In jenem
niemandsdorf
schienen
die ärmlichen lappen am pfahlzaun
nirgendwessen.

Und die wolken darüber waren nirgendwessen,

dort gab's auch lichtreklamen von der kindheit
rachitischer verwilderter kinder,

und die musik von der nacktheit
der hunnischen und skythischen frauen;

aber hier, auf dem bett, in augenhöhe,
etwa in nähe der feuchten wimpern,
lag jemand weinend im sterben,

während ich langsam begriff,
zum letzten mal,

daß es mutter war.

1960, geschrieben mit sechsundzwanzig Jahren

TOD

Ohne ihr kopftuch abzulegen
stirbt mutter,
und das einzige mal
weine ich bei dem kläglichen anblick

ihres selbstgewebten kleides.

Oh, wie still ist der schnee,
fast wie von flügeln des gestrigen dämons geebnet,

oh, wie hoch sind die schneewehen,
als lägen darunter –
berge von heidnischen
opfergaben.

Und die schneeflocken
tragen und tragen ununterbrochen zur erde

die hieroglyphen gottes ...

1960, geschrieben mit sechsundzwanzig Jahren

HAUS DER FREUNDE

Für K. u. T. Erastow

Es war eine gegenseitige
übereinstimmung
der atemzüge, der regungen und der laute
in ihrer ursprünglichen
gestalt

Man mußte achtgeben,
keins davon zu strapazieren.

Und alles war durchdrungen
vom licht des lauts, vom licht des blicks, vom licht der stille,
und irgendwo hinter diesem leuchten
weinten kinder,
und die kerzenflamme

flackerte den kreuzungen
unserer schritte nach.

Und wir waren
ein teil des lebens,
irgendwo neben dem tod,
neben dem feuer und neben der zeit,

wir waren selbst in vielem
das alles.

1960, geschrieben mit sechsundzwanzig Jahren

MÄRCHEN FÜR DICH – ZUM ABSCHIED

I. Je.

Wir spielten versteck
in der kirche.
Das kleine mädchen mit goldhaar
verbarg sich hinter dem betpult.

Ich suchte sie lange.
Die kerzen brannten
steil und hell.

Am abend nahte das singen.
Ich stand
an der tür in der menge
und merkte plötzlich,

daß alle seit langem schon weinten.

1960, geschrieben mit sechsundzwanzig Jahren

MERKWÜRDIGER WINTER

das land ruhte sich aus
in der weißen und hellen zweitform

dank der dunkelheit hinter dem tisch
und sich selbst zuliebe die stille schaffend
verschenkte sie diese ohne zu wissen wo und wem

und gott kam dem eigenen dasein näher
und ließ uns bereits
seine rätsel streifen

und gab uns wie im scherz
das leben zurück
das etwas kühle

aufs neue begriffene

1960, geschrieben mit sechsundzwanzig Jahren

MENSCHEN

Nächtelang
begleiten die bewegungen
meiner hände und schultern
die linien der schränke und stühle
auf ihrer ungewissen

ständigen reise.

Unversehens
übertrug ich das auf die menschen.
Ich gestehe: redend mit ihnen,
maß ich in gedanken mit den fingern

den schwung ihrer brauen.

Und sie waren allgegenwärtig,
damit ich das leben
in menschenform nicht vergaß,

und es waren wochen und jahre,
um abschied von ihnen zu nehmen,

und es war ein phänomen des denkens,
das mir sagte,
daß die lichtreflexe auf ihrem klavier
verwandte besitzen

in krankenhäusern und kerkern.

1960, geschrieben mit sechsundzwanzig Jahren

Liebes

Blasses gesicht –
goldene schale der stille! …

Irgendwo regen sich träume
unbeschwert,
und es gibt gar nichts
außer gottes verspieltheit
hinter seiner

hülle.

Und – von diesem spiel
vormenschlichen ursprungs
bleibt mir die erkenntnis
des heimwehs übrig.

1960, geschrieben mit sechsundzwanzig Jahren

Zum Abschied

Oh, ich sehe dich, wie das licht in der apfelsine,
wenn man sie aufschneidet,
deine lautlosigkeit hat die pupillen erhellt
von weitem, noch ohne berührung,
als sähest du früher noch
als die pupillen –

dort in der tiefe –
im heißen und roten.

Als erklärtest du mit schultern und hals
meinen schultern,
wo in der nähe die trennung ist,

war es denn kränkend,
als es

leiser als die schultern, leiser als der hals
und leiser als die hände gewesen –

Und mir prägten sich, wie offene klappfenster,
alle deine kosenamen ein,
ich allein hatte sie gekannt, und nun blieben sie,
wie der schnee jenseits
der gefängnistore –

leiser als der tod und leiser als du.

1960, geschrieben mit sechsundzwanzig Jahren

Fenster am Trubnaja-Platz im Frühling

Für W. Jakowlew

mit schwingenden quadraten
des blühens und klingens
aller meiner kindheiten, vertraut den
durchsichtigen, verlassenen städten,

berühre ich sie, und die unbefleckten hochzeiten
dauern fort
ohne musik und ohne türen,

die abgründe flackern
grünlich-dunkel,
und dort, hinter ihnen, weinen,
auf fischhaufen fallend,
vom regen beschmierte fleischer,

und wieder scharren und schritte –
hier bin ich, hier bin ich,

scharren und schritte –
einmal für immer –
wie eine glocke im nebel –

– und wie – das titelblatt – der akathistoi
träumt mir – die rote – zerrissenheit – und konzentration

1961, geschrieben mit siebenundzwanzig Jahren

NACH EINEM BESUCH

Ich gehe nachts durch die öde stadt,
eile,
schneller – nach hause – zu kommen,

denn es ist bedrückend –
hier, auf der straße,
zu empfinden,

wie ich die steine an mich schmiegen möchte.

Und – wie ein hund – mit dem zahnfleisch – eine hand –
halte ich fest – meine – ärmel –

und – die eindrücke
von den begegnungen in diesem haus,
das ich soeben verlassen habe,
hämmern wie eine presse,

und – jemand – tut mir leid – ständig – leid,
wie die scharfe grenze
zwischen schwarz und weiß,

und – diese neigung des kopfes, bei der ich mich
an mich selbst wie von weitem erinnere,

behalte ich bis zum morgen,

mit den ellbogen gleitend über den tisch
wie über wachs.

1961, geschrieben mit siebenundzwanzig Jahren

DEM DICHTER DER ROSE EIN DICHTER
(K. Bogatyrjow zum vierzigsten Geburtstag)

Rose, oh reiner Widerspruch, Lust ...
R. M. Rilke

In dieser eisen-distel-stadt
wo die dämmerung vogelseelen vergleichbar
wo die fenster-rosen – von dir geöffnete
sappho-monologe sind

erhellt-zur-welt –

dort sahst du aus dem gesicht-wohl-eigenem-fenster
im traum in dir die behutsamen muster
aufleuchten einst in den anderen ländern
mit der leichtesten lichtschrift:

niemandes schlaf
unter niemandes lidern

12. März 1965, geschrieben mit einunddreißig Jahren

BIS ZUR UN-VORHANDENHEIT

In Erinnerung an Jack Spicer

Das Leiden – kennen wir ... doch selten
empfinden wir seine färbung ... dennoch
scheint sie: blau ... falls aber – glutweiß?
wenn – unerträglich? ... dann – bis zur farblosigkeit ...
und doch wissen wir
freund – in dieser farblosigkeit getroffen –
wenn: dann bis zur un-hörbarkeit! ...
un-sichtbarkeit ... und un-vorhandenheit

10. Januar 1977, geschrieben mit dreiundvierzig Jahren

Zu den Dichtern

Puschkin

Aleksandr Sergejewitsch Puschkin, am 26. Mai 1799 in Moskau geboren, war Nachkomme eines verarmten Adelsgeschlechts und mütterlicherseits Urenkel des Äthiopiers Ibrahim Hannibal (Ossip Abramowitsch), der im Knabenalter als Geisel des Sultans an den russischen Hof kam und zum Günstling Peters des Großen aufstieg. Er avancierte zum General, wurde geadelt und heiratete Puschkins Urgroßmutter Maria Aleksejewna Puschkina.

Aleksandr Puschkin besuchte 1811–1817 das kaiserliche Lyzeum in Zarskoje Sjelo (heute Puschkin) bei St. Petersburg. Nach dem Schulbesuch begann er eine lustlose Laufbahn als Beamter im Departement für Auswärtige Angelegenheiten. Wegen despektierlicher Gedichte und Satiren wurde Puschkin 1820 nach Jekaterinoslaw (heute Dnjepropetrowsk) strafversetzt, konnte aber seinem Exil zu längeren Aufenthalten in Kischinjow in Moldawien und in Odessa entkommen; 1824 wurde er aus dem Staatsdienst entlassen.

Im Elternhaus prägte ihn, der Familientradition gemäß, die Vorliebe für französische Lebensart und Kultur, was der Leichtigkeit und der Eleganz seiner Dichtung und Erzählkunst zugute kam. Den reifen Dichter fesselte die englische Literatur (Byron, Shakespeare, Scott). Da das 19. Jahrhundert in Rußland im Zeichen des wachsenden Interesses für Deutschland, seine Philosophie, Musik und Literatur stand (W. A. Schukowskij übersetzte gerade Schiller, Goethe, G. A. Bürger, L. Uhland), sind Puschkin auch deutsche Bücher, von Grimms Märchen bis zu Goethes ›Faust‹, bekannt geworden. Bei den Deutschen lernte er »das Sittliche mit dem Schönen verbinden«, die »nebulöse« Metaphysik des deutschen Idealismus war ihm aber fremd. Er besaß das absolute Talent, westeuropäische Kultur zu assimilieren, ohne dabei seine »russische Seele« aufzugeben.

Bis zu seiner Begnadigung durch Nikolaj I. 1826 lebte Puschkin als Verbannter auf dem väterlichen Gut Michailowskoje im Gouvernement Pskow. Danach, in Moskau und Petersburg, seit 1831 verheiratet mit Natalia Gontscharowa, stand er unter der persönlichen Zensuraufsicht des Zaren. Während seine Frau am Hofe als Schönheit brillierte, war der Dichter, meist verschuldet, gezwungen, den Staatsdienst wieder aufzunehmen und als Kammerjunker niederen Ranges auch die Hofintrigen und den Spott zu ertragen. Diese mißliche Atmosphäre wurde unerträglich, als die Romanze seiner Frau mit dem Elsässer Baron Georges Charles d'Anthès, dem Leibgardeoffizier der Zarin Charlotte von Preußen (Tochter des preußischen Königs Friedrich Wilhelm II.), ruchbar wurde. Puschkin, selbst amourösen Abenteuern nicht abhold (S. 21), andererseits äußerst reizbar, eifersüchtig, ließ sich von den Demütigungen des Offiziers und der Häme des Hofes zu einem Duell provozieren, das am 8. 2. 1837 stattfand. Zwei Tage danach starb er an den Folgen der Schußverletzung.

Zum Klassiker und Schöpfer der russischen modernen Literatursprache machte Puschkin der Reichtum seiner Meisterwerke in fast allen Gattungen: die allseits bewunderte Lyrik; Märchen (›Ruslan und Ludmila‹, 1818–1820); die Nationaltragödie in Blankversen (›Boris Godunow‹, 1825); die heroische Verserzählung (›Poltawa‹, 1829); das gesellschaftskritische Poem (›Jewgenij Onjegin‹, 1823–1833); soziale Novellen (›Bjelkins Erzählungen‹, 1833–1837; ›Die Hauptmannstochter‹, 1836); die national-konservative Apologie der Staatsmacht – aber auch Rebellion des Untertanen gegen die rücksichtslose Obrigkeit (›Der eherne Reiter‹, 1833–1837) u. v. a. Mit realitätsnaher Bildkraft zeichnet Puschkin die Doppeldeutigkeit des Doppelwesens (Doppeladlers) des Zarismus.

Einerseits Diener der Monarchie, andererseits Gegner jeglicher Gewalt und Anwalt bürgerlicher Freiheit, stand Puschkin im Dezember 1825 auf der Seite der Verschwörer in Petersburg, der Gardeoffiziere und jungen Aristokraten, der »Dekabristen«. An sie sind die Gedichte ›An Tschaadajew‹ (S. 13) und ›An Wjasemskij‹ (S. 14) gerichtet. Als poetologisches Manifest, als Puschkins Ehrenkodex der Berufung ist ›Der Dichter‹ (S. 15) zu lesen.

Puschkins Haltung entzieht sich der politisch eindeutigen Bewertung oder gar Vereinnahmung. Entsprechend vielfältig ist diese Haltung kommentiert worden. Die Progressiven hielten ihn für einen Vertreter der aussterbenden Adelsklasse, der »russischen Gutsbesitzer« (W. G. Bjelinskij). Die sowjetische Kulturpolitik mißbilligte bei ihm die »monarchistisch-konservativen Ansichten«. Andere verglichen seine literarische Leistung mit der des Staatsgründers Peters des Großen (J. Baratynskij). Er habe wie dieser

Rußlands Fenster nach Europa aufgestoßen. Immer war man sich jedoch mit Gogol darüber einig, daß er »die russische Natur, die russische Seele, die russische Sprache, den russischen Charakter in einer solchen Klarheit, in so reiner Schönheit spiegelt, wie sich eine Landschaft auf der gewölbten Oberfläche eines optischen Glases spiegelt.« Und alles in »ungewöhnlicher Anmut, Herzlichkeit, Empfindung, mit Witz und Geist«. Ähnliches äußerten viele in Reden und Schriften: M. Lermontow, I. Turgenjew, L. Tolstoj, F. Dostojewskij, A. Blok, A. Achmatowa, M. Zwetajewa, M. Bulgakow, A. Platonow, sogar W. Majakowskij. Mit Puschkin hörte für die meisten das imperiale Gehabe auf, die Leidenspose der Panslawisten, Dostojewskijs Messianismus. Die Auseinandersetzung um Puschkins ideologische Einschätzung brachte in der Sowjetära Dawid Samoilow auf den Punkt. Samoilow (eigentlich D. S. Kaufmann, 1920–1990), später Romantiker unter den klassizistischen Aufklärern, läßt in seinem Gedicht ›Prestel, der Dichter und Anna‹ Puschkin und Prestel polemisieren. (Oberst Prestel war Anführer des radikalen Flügels der Dekabristen im »Südbund«, der den Zaren gewaltsam stürzen und eine zentralistische Republik errichten wollte.)

> »Wer sich nicht widersetzt, der dient dem Unheil«,
> Wand Prestel ein. »Wir züchten Tyrannei.«
> »Ach, Tyrannei auf russisch-dilettantisch,
> Ich brächte den Tyrannen schon ihr Handwerk bei«,
> War Puschkins Antwort.
>   »Was für flinker Geist!«
> So dachte Prestel. »Wie viele Wahrnehmungen,
> Wie wenig gründliche Ideen!« –
> »Der Sklaven Stumpfsinn frißt doch das Genie!
> Die in der Politik Genialen sind Verbrecher!«,
> War Puschkins Antwort ...

Das rhetorische Duell des radikalen Verschwörers mit dem liberalen Freidenker wird von Annas Gesang geschlichtet; die Lyrik »sublimiert und erhebt alles«. Poesie besiegt die Politik.

»Jewgenij Onjegin« erlebte ich als Oper auf dem Theater in Rostow am Don – als Kulissenschieber. Es war Ende 1949, nach Abschluß unserer Steinbrucharbeit am Wolga-Don-Kanalbau, kurz

vor der Entlassung aus der Gefangenschaft. Besonders beeindruckt
hatte mich die Arie »Tatjanas Liebesbrief« (3. Kap., Vers 31), weil
ich gerade hinter der Bühne nichts zu tun hatte und aufmerksam
zuhören konnte. Einige Sänger unterhielten sich interessiert mit
uns vor und nach der Aufführung, erstaunt über unsere Russisch-
kenntnisse. Mein Wunsch nach einer Kopie des russischen Wort-
lauts von »Tatjanas Liebesbrief« wurde mir erfüllt.

Tatjana fasziniert seit Generationen als Wunschbild der idealen
Russin: als Liebende leidenschaftlich, doch voller Stolz, opfer-
bereit, doch nicht ohne Würde. Lieben – ohne zu besitzen. »Pusch-
kin hat mich mit Liebe infiziert ... Hätte es Puschkins Tatjana
nicht gegeben, hätte es auch mich nicht gegeben« (Marina Zwjeta-
jewa, ›Mein Puschkin‹, Moskau 1967).

Der deutsche Diplomat in Rußland, Schriftsteller, Übersetzer
und Vermittler russischer Dichtung Karl August Varnhagen von
Ense (1785–1858) charakterisierte »Jewgenij Onjegin« drei Jahre
nach Puschkins Tod als eine Dichtung, der »die heutige Wirklich-
keit den Stoff, der Rückblick auf romantische Vorbilder den Zu-
schnitt und ein hoher Dichtergeist Gehalt und Schmuck verlie-
hen ... Ein treuer Spiegel des russischen Lebens«, ein »Buch der
Sprüche und Anspielungen«, das zugleich »Ernst und lässiges
Spiel« auszeichnen. »Ein Gemisch von Munterkeit und Trauer, von
Ironie und Rührung, Volkstümlichem und Idealem«. Mit einem
Wort, »Russisches und ganz Puschkin«.

LERMONTOW

Michail Jurjewitsch Lermontow, geboren am 15. Oktober 1814 in
Moskau, war Sohn des Kapitäns Jurij Petrowitsch (seit 1811 im
Ruhestand auf dem Familiengut Kroptowka), dessen Vorfahren,
aus schottischem Adel, 1613 in russische Dienste traten. Seit dem
Tode der Mutter 1817 wuchs Lermontow auf dem Landgut der
Großmutter Jelisaweta Aleksejewna Arssenjewa in Tarchany,
Gouvernement Pensa auf, ohne Vater, mit dem die Großmutter
unversöhnlich zerstritten war. Von der Mutter blieb ihm nur die
Erinnerung an ihr »herzzerreißendes« Klavierspiel und an ihre
schwache Konstitution zurück.

1828 kam Lermontow an das Adelspensionat der Moskauer

Universität, wo Berühmtheiten wie W. A. Schukowskij und A. S. Gribojedow studiert hatten. 1830 begann sein Studium an der Philologischen Fakultät, das 1832 mit der Relegierung wegen ungebührlichen Betragens endete. Das Anschlußstudium an der St. Petersburger Universität scheiterte, weil ihm die zwei Moskauer Jahre nicht angerechnet wurden und er außerdem eine Aufnahmeprüfung hätte ablegen müssen.

Lermontow trat in die Kavallerieoffiziersschule ein, blieb dort zwei »furchtbare Jahre«, wurde am 22. November 1834 zum Kornett des Leibgardehusarenregiments in Zarskoje Sjelo und am 6. Dezember 1839 zum Leutnant befördert.

Sein 1837 geschriebenes, die Hofgesellschaft des Mordes an Puschkin anklagendes Gedicht ›Der Tod des Dichters‹, in Handschriften verbreitet, erregte großes Aufsehen und hatte nicht nur Ruhm zur Folge: auch Verhaftung und Strafversetzung in das Nischnij-Nowgoroder Dragonerregiment, das im Kaukasus gegen rebellierende Tscherkessen kämpfte. Dank der Bemühungen der vermögenden und einflußreichen Großmutter kam Lermontow 1838 nach St. Petersburg zurück, wurde aber wegen Teilnahme an einem Duell wieder in den Kaukasus strafversetzt.

Der Sommer 1841 im Kurort Pjatigorsk am Fuße des Großen Kaukasus versprach reine Freude: Reunion, Musik, Tänze, Picknicks, Flirts und – Husarenstücke: Am 27. 7. 1841 wurde Lermontow im Zweikampf von seinem Regimentskameraden Major a. D. Martynow erschossen.

Lermontows Jugendwerk begann mit romantischen Weltschmerz-Gedichten, die einen gesellschaftspolitischen und einen psychologischen Hintergrund hatten: Für Lermontows Freiheitsdrang war das Reich Nikolajs I., ein »Fassadenimperium«, das von A. I. Herzen beschworene »Reich der Finsternis und der Willkür«. Denn die Schüsse der aufständischen Dekabristen im Dezember 1825 auf dem Senatsplatz in St. Petersburg hatte der Zar mit Hinrichtungen, Verbannungen nach Sibirien und Strafversetzungen beantwortet – ebenso die polnische Erhebung im von ihm besetzten Warschau 1830–1831.

Hochsensibel, verzehrte sich Lermontow zudem in der Sehnsucht nach idealem Liebesglück, das ihm versagt blieb. »Wer würde mir glauben, daß ich die Liebe schon mit zehn Jahren kannte ... das Mädchen war neun Jahre alt ... Diese Leidenschaft war stark, wenn auch kindlich; es war wahre Liebe; seitdem habe ich nie wieder so geliebt.« Aber – »er war nicht schön ...« (J. P. Rostoptschina, 1834). »Seine untersetzte Gestalt auf krummen Beinen (Folge der Rachitis), der auf breiten Schultern sitzende Kopf weckten unangenehme Empfindungen ...« Hinzu kam »die schlechte Haltung, verdrießliche Miene, finsterer Blick, aus dem etwas Unheilvolles und Tragisches, grübelnde Verachtung und Wildheit sprachen« (I. Turgenjew, 1838). »Seine halsbrecherische Kühnheit, den bissigen Sarkasmus ... sein schwer durchschaubares Wesen« (Mamanzews Erinnerungen) ertrugen nur wenige. »Kalte Ironie dringt unaufhaltsam in meine Seele wie Wasser in ein leckes Schiff« (Lermontow). Er war wie der Held seines Dramas ›Strannyj tschelowjek‹ (1831): Ein sonderbarer Mensch.

Die akademische Laufbahn blieb ihm versagt. Die Offizierskarriere, der Kasernendrill, die Langeweile des Einerleis reduzierten seine Schaffenskraft auf Gelegentliches; Epigramme, Karikaturen, frivole Schriften. »Aus Angst und Undank habe ich niemandem etwas Gutes getan, habe die Dummen verachtet und die Klugen gefürchtet, ich war fern von allen und kümmerte mich um niemand; allein, immer allein ...« (Aleksandr Radin in dem Stück ›Zwei Brüder‹, 1834–1836). Lermontow lebte, Puschkins tragischen und sinnlosen Tod vor Augen, stets in der Vorahnung eines baldigen, ähnlichen Todes.

Lermontow, Hauptvertreter der russischen Romantik nach Puschkin, hielt das Gedicht ›Der Tod des Dichters‹ für den eigentlichen Beginn seines dichterischen Schaffens. Die früher verfaßten Gedichte sind ungeachtet dessen nicht nur originelle, kunstvolle Dichtung, sondern auch wichtige zeitgeschichtliche und biographische Dokumente eines Genies. Die Gedichte wurden häufig vertont, wie Volkslieder populär, mehrfach ins Deutsche übertragen, auch von R. M. Rilke. Bereits in dem ersten, nicht so gelungenen Theaterstück ›Die Zigeuner‹ (1829) erkannte der einflußreiche Kritiker W. G. Bjelinskij den wilden Biß, die »Löwenklaue« eines großen Talents. Sein erstes vollendetes Jugenddrama, unter dem Eindruck von Schillers ›Die Räuber‹ und ›Kabale und Liebe‹ geschrieben, betitelte Lermontow deutsch: ›Menschen und Leidenschaften. Ein Trauerspiel‹ (1830). Es hatte die fatale soziale und moralische Lage der Gesellschaft, die Leibeigenschaft und die Mißachtung der

Menschenwürde durch die Privilegierten zum Thema. Die Figuren des Stücks tragen die Züge Lermontows und seiner Verwandten und Bekannten. Es war zeitgenössisches Protesttheater. Das Drama ›Der Maskenball‹ (1835), das das siegreich Böse im Kampf gegen das hilflos Gute zeigt, war die Ouvertüre zum Hauptwerk ›Ein Held unserer Zeit. Roman in Prosa‹ (1840). Der Protagonist Pjetschorin, ebenfalls dem Verfasser ähnlich, ein von Hoffnungslosigkeit gezeichneter Melancholiker, ein »überflüssiger Mensch«, wurde zum Prototypus der Helden vieler nachfolgender psychologischer Romane des 19. Jahrhunderts (bei Dostojewskij, Turgenjew, Herzen, Tolstoj u. a.).

Das Thema »Dämon« (s. ›Mein Dämon‹, S. 50 f.) beschäftigte Lermontow in mehreren Varianten seit dem 16. Lebensjahr; als Tragödie des zur Ohnmacht Verdammten, des »Dämon des Stolzes«, des »traurigen Dämon«, des »Dämon der Verbannung«, des gefallenen Engels.

BLOK

Aleksandr Aleksandrowitsch Blok wurde am 28. Januar 1880 in St. Petersburg geboren. Sein Vater war Professor für Staatsrecht an der Warschauer Universität. Seine Mutter, Tochter von Andrej Nikolajewitsch Begetow, Professor der Botanik, und Jelisaweta Grigorjewna, einer fruchtbaren Übersetzerin literarischer und wissenschaftlicher Werke aus dem Englischen, Französischen und Deutschen (Brehm), war ebenfalls als Übersetzerin tätig. Zusammen mit ihren beiden Schwestern übersetzte sie für Zeitschriften und Buchverlage Prosa und Lyrik aus mehreren europäischen Sprachen – Französisch, Englisch, Spanisch, Deutsch (E. T. A. Hoffmann) und Polnisch (»Sienkiewicz und viele andere ...«, Blok in seiner Autobiographie).

Nach der Scheidung der Eltern verbrachte Blok die Kindheit und Jugend mit seiner Mutter auf dem Landgut ihrer Eltern in Schachmatowo bei Moskau. Er erinnerte sich daran in seiner Autobiographie wie an eine Idylle: Lange Wanderungen durch Wald und Wiesen, Felder und Sümpfe, Unterweisungen in der Pflanzenkunde durch seinen Großvater. Die Großmutter förderte seine poetischen und musikalischen Neigungen: »was der Wind singt und der

Schnee erzählt.« Er spielte gern Theater: Laienaufführungen, etwa
von ›Hamlet‹ und ›Onjegin‹, fanden im Nachbarhause statt, bei
seiner künftigen Braut und späteren Ehefrau Ljubow Dimitrijewna
Mendelejewa. Die Natur und die Künste waren Hauptelemente
seiner häuslichen Erziehung und Bildung. Dazu kam die »wohl-
tuende Einsamkeit« eines vaterlos und behütet aufwachsenden,
introvertierten Kindes.

Bloks erster, noch postromantischer, von Lermontows Byronis-
mus beeinflußter Gedichtzyklus war stark auf die eigenen see-
lischen Vorgänge fixiert. Diese ›Ante lucem‹-Gedichte (›Vor dem
Anbruch des Lichts‹, 1898–1900) zeigen bereits die Hauptmotive
seiner Dichtung an. »Gamajun«, der Paradiesvogel mit mensch-
lichem Antlitz, Bote aus einer altrussischen Sage, prophezeit die
Zukunft: blutige Hinrichtungen, Angst, Hunger, Feuersbrunst, Ter-
ror – Untergang der Gerechten, Gewaltherrschaft der Verbrecher.
Neben dieser Vision des Grauens steht das fast elegische Gedicht
›Servus – Reginae‹ (1899), eine Huldigung an die »Königin-Da-
me«, das Ewig-Weibliche, dem sich der Dichter als »Diener und
Geliebter«, als »ewiger Sklave« anvertraut.

Mit dem nächsten Zyklus ›Verse von der schönen Dame‹
(1901–1902) begann der eigentliche Ruhm Bloks in Rußland und
darüber hinaus. Er schloß sich mehr und mehr der Ästhetik der
Symbolisten an und wurde zu deren herausragendem Vertreter.
Ihre Prinzipien – die Grenzen des Sinnlichen überschreiten (W.
Solowjow, 1853–1900), Stimmungen rein wiedergeben (K. Bal-
mont, 1867–1942) und die Kunst der strengen Form meistern (W.
Brjussow, 1873–1924) – verhalfen ihm zur Schaffung einer mo-
dern eindrucksvollen Poetik-Synthese. Seine tiefsinnige Welt-
betrachtung traf den Kern der Themen der Jahrhundertwende und
machte ihn zum »Dichter der russischen Kultur« (O. Mandel-
stam).

Die »schöne Dame« blieb in vielen Metamorphosen stets an
seiner Seite. Bloks Fortschreibung von Puschkins und Lermontows
Verkörperungen vergeblicher Liebesfähigkeit (Tatjana, Tamara)
ergab eine faszinierende Frauengalerie: Seine erste Liebe, dann
Braut und Frau Ljubow, Kleopatra »weder tot noch lebendig«,
Frauen als Schutzengel, Frauen »wie Harfen und Geigen«, rätsel-
hafte »Düfte und Nebel«, atmende »Unbekannte«, Swetlana, Fai-
na, Solvejg, Carmen, femme fatale. Sie alle sind zentrale Gestalten

eines mit mystischen Erwartungen verbundenen Eros im Zeichen
weiblicher Weisheit, Harmonie und – Dämonie.

Im nächsten Buch ›Verschiedene Gedichte‹ (1904–1908) beginnt
die Prophezeiung des Paradiesvogels Gamjun Wirklichkeit zu wer-
den. Das große Grollen der Revolution kündigt sich an, im

> Druck des violetten Westens
> Druck einer bleiernen Hand.
> ...
> Wir richten anderen Zeiten die Throne.
> Wer wird die dunklen Throne besteigen?
> ...
> Jeder hat eine in zwei Hälften gespaltene Seele
> Und doppelte Gesetze ...
>   14. Mai 1904

Die Sammlung ›Verschiedene Gedichte‹ zeugt davon, daß Blok mit
der Revolution 1905 sympathisierte. Er schloß sich auch der Ok-
toberrevolution 1917 an, mit »gespaltener Seele« einem »doppel-
ten« widersprüchlichen Gesetz folgend. »Bloks Dichtung entsteht,
indem ständig Kult und Lästerung gegeneinander getrieben wer-
den.« (Fritz Mierau)

Mütterchen Rußland ist in Bloks Dichtung allgegenwärtig, als
zentrales Thema und in den leitmotivisch wiederkehrenden Bildern
von der Unschärfe des Schneegestöbers, von Schneeschrift und
Schneeblut, Schneegesichtern und Schneemasken, Schneetänzen in
Schneewüsten, Schneetrichtern und Schneescheiterhaufen. Diese
Unschärfen, Nebelhaftes, Mehrdeutiges sind der beste Hintergrund
für Mystik – und Mystifikation:

> Mein Rußland, mein Leben, sollen wir uns gemeinsam quälen?
> Der Zar, und Sibirien, und Jermak*, und Gefängnisse!
> Ach, ist es nicht Zeit, sich zu lösen, zu büßen,
> ...
> Was hilft einem freien Herzen deine Finsternis?
>   28. 2. 1910

---

* Der Kosakenführer Jermak eroberte 1582 das Khanat Sibirien
und leitete die russische Ostexpansion ein.

1918 schrieb Blok zwei große Gedichte, ›Die Zwölf‹ und ›Sky-
then‹, den Schlußpunkt seines Werks und seiner Weltbetrachtung.
Er verfolgte damit weder politische noch unpolitische Absichten,
wie manche, »die über beide Ohren im politischen Schlamm stek-
ken«, geargwöhnt hatten. Er hatte sich (so ist es in seinen Notizen,
S. 474, Bd. 3 der russischen Werkausgabe, 1960, dokumentiert)
»nicht minder blind als im Januar 1907 oder im März 1914« einer
»Elementarkraft hingegeben«. Sein Gehör habe tagelang unter
dem geballten Riesenlärm, »wahrscheinlich Lärm des Scheiterns
der alten Welt«, gelitten. »Deshalb sind diejenigen, die in ›Die
Zwölf‹ politische Verse sehen ... entweder für die Kunst blind,
oder von großer Bosheit besessen – ganz gleich ob Feinde oder
Freunde meines Poems« (1. 1. 1920). Bloks Intuition, auf eine
Synthese aller Sinneserfahrungen gerichtet, sah, hörte, wußte am
Ende mehr als die politische Eindeutigkeit ausmachen konnte.

Das Poem ›Die Zwölf‹ beginnt an einem schwarzen Abend über
dem weißen Schnee. Ein altes Mütterchen, barfuß und in Fetzen,
begreift nichts von der Revolution und weint. Zwölf hungrige
Rotarmisten waten durch den knietiefen Schnee, ihre blutige Fahne
voran, aber – da ist noch einer, ganz zum Schluß, wie nebenbei
erwähnt: Vorn geht Jesus Christus. Er geht mit den Zwölf – mit
ihnen? oder gegen sie? Bloks Fragen bleiben offen.

Das im gleichen Jahr 1918 veröffentlichte Gedicht ›Skythen‹
wendet sich der Ost-West-Auseinandersetzung zu. Europa-Asien,
Zivilisationen und Kulturen werden konfrontiert und in Frage
gestellt. Blok warnt vor dem Untergang des Kontinents, ruft zur
Brüderlichkeit auf:

> Zum letzten Mal – besinn dich, alte Welt!
> Laß uns den Arbeitsfrieden wahren,
> Zum letzten Mal, zum Brüderfest bestellt,
> Ruft dich die Leier der Barbaren.

Diesen Appell schrieb Blok vor dem konkreten Hintergrund der
deutsch-russischen Friedensverhandlungen in Brest Litowsk am
21. 1. 1918. Unter mehreren überlieferten Varianten (zitiert in der
russischen Werkausgabe, 1960, Bd. III, S. 630) fällt eine frühere
besonders auf. Dort stand zu lesen: »So lieben wie wir *euch*
geliebt«. Dies ist offensichtlich an den Westen oder sogar an die

Deutschen gerichtet. Alle postumen Ausgaben aber – Blok starb am 7. 8. 1921 infolge der Kriegsnot an Herzversagen – wählen die allgemeinere Variante:

> Ja, lieben so wie unser Blut es kann,
> Das schafft ihr nicht, ihr Amateure!

Blättert man in den Zeugnissen seiner Freunde oder Gegner, seiner Bewunderer oder Kritiker, auch in seinen Briefen, Tagebüchern und Notizen, wird man den Eindruck nicht los, daß ihm »der russische Schmutz« letzten Endes lieber war als »die Fäulnis des Westens«.

ACHMATOWA

Anna Andrejewna Achmatowa (eigtl. Gorjenko), geboren am 23. März 1889 in Bolschoj Fontan bei Odessa als Tochter eines Ingenieurs der Handelsmarine, besuchte das Gymnasium in Zarskoje Sjelo (heute Puschkin) bei St. Petersburg und studierte dort und in Kiew Jura und Philosophie. 1910–1911 hielt sie sich in Paris, 1912 in Norditalien auf. Nach 1917 arbeitete sie als Bibliothekarin, studierte Kunst und Literaturgeschichte und betrieb Puschkin-Forschung.

Die Revolution und Stalins Terrorregime trieben Achamtowa in die innere Emigration. Eine Kette von Schicksalsschlägen bestimmte ihre tragische Biographie.

Ihr erster Mann, der Dichter Nikolaj Gumiljow, wurde im August 1921 als »Konterrevolutionär« erschossen; der Maler Boris Anrep, den sie liebte, emigrierte in den Westen; der Freund Njedobrowo, ein Kritiker, war 1919 dreißigjährig an Schwindsucht gestorben; ihr letzter Mann Nikolaj Punin, mit dem sie fünfzehn Jahre gelebt hatte, wurde verhaftet und in ein Lager verschleppt; ihr einziger Sohn, Lew Gumiljow, Historiker, während Stalins »Säuberungsaktionen« mehrmals inhaftiert (1935, 1938, 1949), kam erst nach fünfzehn Jahren Zwangsarbeit 1956 frei – rehabilitiert; ihr enger Dichterfreund Ossip Mandelstam verhungerte 1938 im Konzentrationslager bei Wladiwostok. Während der Blockade von Leningrad wurde Achmatowa nach Taschkent evakuiert; sie kam 1944 nach Leningrad zurück.

Ihre letzte Liebe zu Isaiah Berlin, einem englischen Philosophen und Historiker russischer Abstammung, Mitarbeiter der Britischen Botschaft in Moskau, löste im August 1946 den »Schdanow-Skandal« aus: Andrej Schdanow, Leiter der Propagandaabteilung des Zentralkomitees der Partei, ächtete öffentlich Achmatowa als »reaktionäre, kosmopolitische Salonliteratin«, als eine »Entwurzelte, Nonne und Hure zugleich«. Er ließ sie kraft ZK-Beschluß aus dem Schriftstellerverband ausschließen. (Publikationsverbot hatte sie bereits 1922, weil ihre Dichtung »schädlich« und »ein Hindernis auf dem Weg zum Sozialismus« sei.) Nach Schdanows und Stalins Tod durften ihre Gedichte wieder gedruckt erscheinen (1958). 1964 bekam sie in Italien den Ätna-Taormina-Preis und 1965 in Oxford den Ehrendoktortitel. Achmatowa starb am 5. März 1966 in Domodjedowo bei Moskau.

Achmatowas Gedichte erschienen zunächst in Zeitschriften, das erste 1907 in ›Sirius‹ in Paris. Zu etwa dieser Zeit, um 1910, begann die Krise von Bloks Symbolismus. Als Nikolaj Gumilijow und Sergej Gorodezkij 1912 die »Zunft der Dichter« gründeten und die Zeitschrift der Symbolisten ›Apollon‹ übernahmen, veröffentlichte Ossip Mandelstam das Manifest gegen die Unechtheit der in Symbole verpackten Welt und Sprache und trat für mehr Sachlichkeit, Präzision und Klarheit ein, und zwar in formaler Vollendung (griechisch »akme«, daher Akmeismus). Der »Zunft« der Akmeisten schloß sich außer den drei Genannten auch Anna Achmatowa an. Während die Symbolisten ihr Augenmerk nach Osten richteten (Solowjow: ›Ex oriente lux‹, ›Panmongolismus‹; Blok: ›Skythen‹ (S. 65 ff.)), blickten die Akmeisten nach Athen und Rom. »Akmeismus ist die Sehnsucht nach Weltkultur« (Mandelstam). Die Zeitschrift ›Apollon‹ erschien von 1909 bis 1917; nach der Revolution hörte die Gruppe auf zu existieren. Achmatowa veröffentlichte in diesen Jahren mehrere Bücher: ›Abend‹ 1912, ›Rosenkranz‹ 1913, ›Weißer Schwarm‹ 1917, ›Am Meeresufer‹ 1921, ›Wegerich‹ und ›Anno Domini MCMXXI‹ 1922.

Darauf folgten achtzehn Jahre Publikationsverbot. Sie wollte keine Gedichte über Kolchosen, Staatskombinate, Parteifunktionäre und Arbeiterhelden schreiben; ihre Themen waren eigene Wahrnehmungen: realistisch (ohne die Vorsilbe »soz«), religiös, humanistisch, authentisch: »... Kleine Kuppel, die seitlich zerfällt,/Schrei der Raben, der Lokomotive,/Eine Birke, die humpelt ins Feld,/so als wenn sie halb liefe, halb schliefe ...« Statt Ekstasen und Pathos, Gefühle und Bilder in zarten, gleichsam bescheidenen Worten.

1940 erschien die Auswahl ›Aus sechs Büchern‹ und 1943 eine weitere ›Auswahl‹. Nach der zweiten Schweigeperiode von fünfzehn Jahren gab sie 1958 den Band ›Gedichte‹ heraus, 1960 das ›Poem ohne Held‹ und 1962 ›Gedichte 1909–1960‹. Vor dem ›Lauf der Zeit‹ 1965 beeindruckte ihr wohl bekanntestes, am häufigsten übersetztes Werk, ›Requiem‹ (1963). Ein Klagelied auf »die Schrekken der Zeit, den Kummer der Mütter und Frauen, die Verzweiflung der Unschuldigen, die blutigen Nächte der Konzentrationslager und der Gefängnisse« (Efim Edkind) während des Zweiten Weltkriegs, während der Blockade Leningrads.

Achmatowa verdichtete den Reichtum russischer psychologischer Prosa des 19. Jahrhunderts zum lyrischen Konzentrat. Ihre Liebeslyrik unterscheidet sich grundsätzlich von früheren Werken dieser Gattung. Die kunstvolle Einfachheit von Achmatowas Gedichten soll – so in Zeugnissen ihrer Leser, Zuhörer, Freunde – hypnotische Wirkung gehabt haben. »Achmatowa steht in der Tradition Puschkins«, dabei verinnerlicht sie »Elemente der Kulturen des alten Orients, des französischen Klassizismus und der italienischen Renaissance ebenso wie solche der russischen Folklore« (Wolfgang Kasack).

Achmatowas Lyrik, Person und Wirkung bilden in der Erinnerung Lydia Tschukowskajas eine »erstaunliche Verbindung von Festigkeit, Würde und kindlicher Hilflosigkeit«. Man war beeindruckt von ihren feingliedrigen Händen, schmalen Handgelenken, »winzig wie die von Anna Karenina«, von ihrem majestätischen Profil »wie von einer Münze«, der Haltung, dem Gang. Die großen, weit offenen Augen, der zerstreute Blick faszinierten auch 1938, in der Zeit der Verfolgungen, der Schlupfwinkel, wo »Tapetenfetzen von den Wänden hingen und in der Küche nasse Wäschestücke auf der Leine einem ins Gesicht schlugen«. Achmatowa litt in dieser Angstatmosphäre die »Folter der Ruhe. Wissen Sie was das ist? Nach der Verzweiflung tritt die Ruhe ein, aber von der Hoffnung verliert man den Verstand« (Achmatowa). Wenn sie auf ihrem zerschlissenen Sofa, dem ein Bein fehlte, dessen Sprungfedern nach außen traten, halb saß, halb lag (wie sie Modigliani 1911 in Paris gezeichnet hatte), mitten in diesem Bild der Armseligkeit und des Verfalls, im Morgenrock aus schwarzer Seide, mit einem Drachen auf dem Rücken, mit untergeschlagenen Beinen, dem ausgeblichenen rosa Tuch um den Kopf gewickelt, war sie dennoch »imposant, schön wie immer«. Auf der Straße sah man sie »im alten Mantel, plattgedrückten Hut und grobgewebten Strümpfen« (22. 3. 1939), dem reinen Widerspruch zu ihren unauffällig eleganten Gedichten, wenn sie gedankenverloren, humpelnd, denn auf abgebrochenem Absatz, zu den Gefängnissen ging, ihren verhafteten Sohn zu suchen.

JESSENIN

Sergej Aleksandrowitsch Jessenin wurde am 21. September 1895 in Konstantinowo (heute Jessenino), Gouvernement Rjasan – 150 km südöstlich von Moskau, mit 600 Gehöften und 2000 Einwohnern – geboren und auf dem Bauernhof der Großeltern mütterlicherseits großgezogen. Die Eltern lebten geschieden und gingen in der Kreisstadt (Mutter) und in Moskau (Vater) einem Brotberuf nach. Jessenin wurde von der Großmutter orthodox gläubig und vom Großvater derb und naturverbunden unterwiesen. 1904–1909 besuchte er in Konstantinowo eine vierklassige Landschule. Er wuchs mit Märchen, mit Heiligenlegenden und Kirchenliedern auf, mit Kühen, Pferden, Schlitten, Birken, Getreide, aber ohne Bücher. Auch im kirchlichen Lehrerseminar in Spas-Klepiki, das er 1909–1912 besuchte, gab es nur wenige. 1912 schickte man ihn nach Moskau; dort arbeitete er als Kaufmannsgehilfe und Korrektor in einer Druckerei. 1913 bildete sich Jessenin an der Moskauer Städtischen Schanjawskij-Volksuniversität fort. Aus der kurzen unehelichen Verbindung mit Anna Isrjadnowa ging ein Sohn hervor, aus einer späteren mit Nadjeschda Wolpin ein zweiter.

1914 debütierte Jessenin in wenig bekannten Zeitschriften, 1915 zog er nach Petersburg um, der literarischen Karriere wegen. In den Salons, von Blok protegiert, wie in Künstlerkellern war der Neuling im Bauernhemd willkommen, er hatte Unterhaltungswert, das Naturtalent begeisterte. Seine Gedichte wurden bald populär, auch in Vertonungen zu volkstümlichen Instrumenten, der Ziehharmonika, der Gitarre und der Balalaika. 1916 wurde Jessenin

zum Militärdienst als Sanitäter in Zarskoje Sjelo eingezogen, 1917,
nach Ausbruch der Revolution, desertierte er aus der Kerenskij-
Armee. Im gleichen Jahr heiratete er Sinaida Reich (deren Vater,
ein Deutscher aus Schlesien, mit einer Polin verheiratet, in Rußland
seßhaft geworden war). Mit ihr hatte Jessenin eine Tochter (Tatja-
na 1918) und einen Sohn (Konstantin 1820).

1919, wieder in Moskau, nahm Jessenin Kontakt zu den Imagi-
nisten auf und wurde ihr Vorzeige-Liedermacher. 1920–1921 be-
suchte er den Kaukasus und Mittelasien.

1922, von Sinaida Reich geschieden, heiratete der inzwischen
ebenso berühmte wie skandalumwitterte Poet die amerikanische
Tänzerin Isadora Duncan, 18 Jahre älter als er, und bereiste mit ihr
Westeuropa und die USA; bis zur Scheidung 1923.

1923–1925, nach erfolglosen Aufenthalten im Sanatorium und
in einer psychiatrischen Klinik, suchte Jessenin in Südrußland (Tif-
lis, Batum, Baku) Heilung von der Alkoholsucht und den Depres-
sionen; hier schrieb er den unvollendet gebliebenen Zyklus ›Perser
Motive‹ (S. 102 ff.), ohne persischen Boden je betreten zu haben.
Das Heimweh trieb ihn nach Moskau zurück. Wieder im gewohn-
ten Milieu wettete er »bei Kartenspiel und Wein« (S. 111), daß er
die Enkelin des Grafen Lew Tolstoj Sofija Andrejewna heiraten
würde. Das gelang zwar, aber Glück brachte es beiden nicht. Die
Ehe hielt nur vier Monate. Jessenin lebte, eigentlich lebenslänglich,
dem Tode zugewandt, stets den Suizid vor Augen.

Am 28. Dezember 1925 öffnete er sich im Leningrader Hotel
»Angleterre« die Pulsader, schrieb mit dem Blut sein letztes Ge-
dicht (S. 113) und erhängte sich mit kaum dreißig Jahren, wie er es
mit einundzwanzig vorausgedichtet hatte (S. 86).

Jessenin gilt als der wichtigste Vertreter des russischen Imaginismus.
Dessen Manifest unterzeichnete er 1919 zusammen mit Wadim
Scherschenjewitsch, der federführend war, Anatoli Marienhof und
einigen anderen. Sie wollten die Symbolisten, Akmeisten und Futu-
risten ablösen und erklärten das Bild, die »Imago«, zum ausschlag-
gebenden Element ihrer Poetik. Man vermutete sie in der Nach-
folge der französischen *imagistes* (G. Duhamel, C. Vildrac) und
einiger Angloamerikaner, von denen Ezra Pound 1912 im Lyrik-
band ›Ripostes‹ den Begriff *imagistes* eingeführt hatte. (Er redigier-
te auch 1914 die Anthologie ›Des Imagistes‹.) Die russischen Imagi-

nisten waren aber anders, volkstümlicher. Sie wirkten 1919–1924, dann zerfielen sie als Gruppe und lösten sich 1927 ganz auf.

Jessenin, der populärste, begabteste Dichter der russischen Moderne, brauchte weder Gruppen noch Ideen. Sein »Steg aus Brettern« (S. 96), die ihm die Welt bedeuteten, bot genug Rollenspiele in wechselnden Kulissen und Kostümen, dem Element seiner Launen: Bauernjunge, Landstreicher, Dandy, geliebter Troubadour und gefürchteter Schläger, Proletkultist und Dissident. 1918 schrieb der Dichter Nikolaj Proletajew in ›Proletkult‹: »Ich hatte ihn nie zuvor gesehen und war überwältigt von seinem Anblick. Wie charakteristisch die anderen Gestalten auch waren, das Auge hing nur an ihm. An seinem welligen Haar von der Farbe reifen Korns, dem gemeißelt schönen Kopf . . . fast mädchenhaften Gesichtszügen, strahlend blauen Augen. Wie er seinen Gedichten glich!« Die Berliner Freunde, Wladimir und Jadwiga Lindenberg, die er später besuchte, waren wiederum entsetzt über seine Aufmachung, die »eines geleckten Affen«: mit Zylinder, flotter Fliege, weißen Handschuhen.

Die Titel seiner Bücher sind die Stichworte seiner Exzesse und Obsessionen: Sein erstes Buch 1916 ›Auferstehung‹; 1918 ›Dorfgebetbuch, Verklärung, Bläue‹; 1919 ›Marienschlüssel‹; 1921 ›Beichte eines Rowdys‹; ›Pugatschow‹ (Anführer des Bauern- und Kosakenaufstands unter Katharina II.); 1923 ›Gedichte eines Skandalisten‹; 1924 ›Das Kaschemmen-Moskau‹; 1925 ›Über Rußland und die Revolution‹; ›Perser Motive‹; ›Das Land der Schurken‹.

Jessenin war unfähig, in der alten Ordnung zu bleiben, konnte sich aber auch in der neuen nicht zurechtfinden. Die Kirchensymbole und Glaubensrituale wirken in den Gedichten nie deplaziert oder unglaubwürdig. Aber: »An Gott glaubte ich wenig. In die Kirche ging ich selten.« Nach dem Sieg der Oktoberrevolution strengte er sich an, der Kommunistischen Partei beizutreten. Er wurde nicht aufgenommen. Er sah sein Rußland der Zukunft als Bauernparadies einer antikapitalistischen Republik, als ein Goldenes Zeitalter ohne technische Zivilisation, ohne Eisenbahn, ohne Umweltzerstörung; als ein utopisches »Andersland« (Inonija). Und er prophezeite Amerika den Zusammenbruch der Wolkenkratzer und der Industriegiganten. Er warnte davor, »stählerne Schiffe auf das Meer des Unglaubens zu senden«. Statt der Gesundung des Dorfes durch die Revolution sah er die Bauern in Armut und Unwissen oder in Kulaken-Pogromen sterben.

Jessenin dichtete den Erschöpfungszustand der Epoche. Seine Lyrik wurde zum ergreifenden Schwanengesang auf das untergehende, bäuerliche, gläubige und abergläubische Rußland des 19. Jahrhunderts. »Niemand hatte besser als er die Tragödie der Beziehung zwischen Stadt und Dorf charakterisiert« (N. Tichonow, 1925). »Seit Kolzows Zeiten hatte die russische Erde nichts ebenso Bodenständiges, Natürliches, Angemessenes und Echtes hervorgebracht wie Sergej Jessenin« (B. Pasternak). Blok fand Jessenins Gedichte »frisch, stimmkräftig, lexikalisch rein«.

Noch immer ist Jessenins Stimme in Rußland lebendig. Es war um 1970 herum, als mir Gennadij Ajgi »sein« Moskau zeigte; das Majakowskij-Museum, in dem er Kustos war, die Ikonen-Ausstellung mit Werken des Klassikers der russischen Ikonenmalerei Andrej Rubljow (etwa 1360–1430) und den Wagankow-Friedhof. Auf Jessenins Grab lagen frische Blumen. Ajgi sagte, das sei immer so. Manchmal kämen Gruppen von Verehrern hierher, um in der Friedhofsstille Gedichte von ihm zu rezitieren.

MAJAKOWSKIJ

Wladimir Wladimirowitsch Majakowskij, am 19. Juli 1893 als Förstersohn in Bagdadi (seit 1940 Majakowskij), Kreis Kutaissi, Georgien, geboren, besuchte seit 1902 das Gymnasium der Kreisstadt, wegen Beteiligung an illegalen Schülerdemonstrationen nur bis 1905. Nach des Vaters Tod 1906 mußte er mit der Familie, der Mutter und den zwei Schwestern Olja und Ljuda, nach Moskau umziehen. 1908 schloß sich Majakowskij der Russischen Sozialdemokratischen Arbeiterpartei (Bolschewiki) an, stand unter Polizeiaufsicht, wurde mehrmals verhaftet, wegen Minderjährigkeit wieder freigelassen. Nur einmal, 1909–1910, büßte er eine Haftstrafe von fünf Monaten im Gefängnis Butyrki ab: Wegen Fluchthilfe für zur Zwangsarbeit verurteilte Frauen. Am Institut für Bildende Kunst und Architektur lernte Majakowskij 1910 David Burljuk kennen, der sein Lehrer und Mentor wurde; 1912 unterzeichnete er mit anderen Gesinnungsgenossen das Futuristen-Manifest ›Eine Ohrfeige dem öffentlichen Geschmack‹ (Sammelband). 1913–1914 publizierte er Gedichte, Zeitungsartikel, die »Tragödie« ›Ich. Wladimir Majakowskij‹ und hielt Vorträge und Lesungen.

1915 war für Majakowskij ein Schicksalsjahr: Er lernte seine große Liebe Lilja Brik und ihren Mann Ossip kennen, ab nun sein Berater, Verleger – und Rivale. Es wurde eine komplizierte, ein Leben lang während Liebe und Freundschaft zu dritt. Tragisch, aber fruchtbar. Das Zeugnis dieser Beziehung schrieb Majakowskij im gleichen Jahr; zwei weltbedeutende Parade-Epen des Ego-Futurismus: ›Wolke in Hosen‹, ein Gedicht, das seine Absage an die bürgerliche Ästhetik, Tradition und Moral enthält (»Fort mit eurer Liebe, fort mit eurer Kunst, fort mit eurer Ordnung«), und ›Die Wirbelsäulenflöte‹.

Das Antikriegspoem ›Krieg und Welt‹ (1916 – S. 117) wurde von den Kommunisten getadelt, weil Majakowskij als Russe sich selbst »im Namen Christi« der Kriegsverbrechen anklagte. Ohne gutes Polizeiführungszeugnis, des Waffendienstes für unwürdig erklärt, obwohl Freiwilliger, kam er nur als Zeichner in einer Kraftfahrzeugkompanie in Frage. 1917 nahm er begeistert an der Oktoberrevolution teil und widmete die nächsten Jahre 1918–1922 der Agitation. Er war tätig als Texter und Zeichner, Dichter und Redner im Dienste des Volkskommissariats für Volksbildung, auch als Gestalter der ROSTA-Fenster der Russischen Telegraphen-Agentur. 1923 gab er die Zeitschrift der LEF (Linke Front/Lewyj front) heraus. In die Jahre 1922–1925 fielen zahlreiche Auslandsreisen: Deutschland (S. 126), Frankreich (S. 156 ff.), Amerika (S. 161 ff.) und noch einmal 1928–1929: Berlin, Prag, Paris, Monte Carlo. 1928–1930 waren Jahre der wachsenden Mißerfolge mit Kollegen (Austritt aus der LEF-Gruppe), mit der Paßbehörde (Verweigerung des Visums nach Paris, 2. Reise), mit den Geliebten, den Stücken (Verriß von ›Die Wanze‹ und ›Das Schwitzbad‹ in Leningrad und Moskau). Trotzdem schrieb er in den kritischen Jahren 1926–1930 dreihundert Gedichte, zwölf Filmdrehbücher, neun Kinderbücher, zwei Stücke und anderes.

1928 brachte die Zeitung ›Leser und Schriftsteller‹, Vorgängerin der meinungsbildenden ›Literaturnaja Gaseta‹, eine Karikatur des landesweit wirksamen Künstlerkollektivs Kukryniksy: Majakowskij im Lorbeerkranz, in der Pose Peters des Großen, auf einem Schaukelpferd, mit Löwenmaul im Maulkorb und gerupftem Schweif. Es wurde immer offensichtlicher, daß die öffentliche Meinung mobilisiert wurde, ihm »das Maul zu stopfen« und seinen Nimbus zu zerpflücken.

Als im Frühjahr 1930 die Angriffe gegen ihn den Höhepunkt erreichten, Freunde nicht erreichbar, die Briks im Ausland, Ersatzgeliebte nicht zur Stelle waren – schoß er sich am 14. April 1930 eine Kugel in die Schläfe.

Dreiundvierzig Jahre nach seinem Tod schrieb mir Lilja Brik, der ich St. J. Lecs ›Unfrisierte Gedanken‹ nach Moskau geschickt hatte, sie habe bei Lec das Wort für den Grund seines Selbstmords gefunden: »Selbsterhaltungstrieb«. Liljas jüngere Schwester Elsa Triolet, Louis Aragons Frau, schrieb aus Paris: »Majakowskij fehlt wie ein amputierter Arm ... überall, wo es zu lieben, sich zu ereifern, zu verteidigen gilt. Er fehlt überall, wo man das Genie braucht.«

Dreiundvierzig Jahre nach seinem Tod, am Tage seines Geburtstags, fanden Passanten in Moskau am Sockel des Puschkin-Denkmals einen Korb mit scharlachroten Rosen, dazu eine grellrote Schleife mit der Aufschrift: »Für Aleksandr Sergejewitsch Puschkin am Tage meines Jubiläums. Wladimir Majakowskij.« Seine Dramaturgie wirkte über den Tod hinaus.

Von der sowjetischen Kritik wurden nicht nur Symbolismus (Blok), Akmeismus (Achmatowa) und Imaginismus (Jessenin) pauschal als »leibliche Kinder der kapitalistischen Gesellschaftsordnung« abgetan, sondern auch Majakowskijs Futurismus. Es war Majakowskij aber, dem es gelang, Marinettis Futurismus und Lenins Ideen zu einer idealen proletarischen Bedarfs- und Massenkunst zu verbinden. Mit allen Inkonsequenzen. So sah es Lew Trotzkij, verständnisvoller Anwalt der Futuristen. Auch wenn Majakowskij »ideologische Schwächen« hatte, was die Partei rügte. Majakowskij war in der Jugend zwar Bolschewik, Mitglied der Kommunistischen Partei wurde er jedoch nie. Majakowskij war Animateur der Revolution aus Überzeugung. Um so größer die Enttäuschung, als er in den zwanziger Jahren merkte, wie sein Umsturz verkam, von falschen Prämissen der neuen Bürokratie, der neuen Parteibourgeoisie in die Irre geführt. Die Naivität seiner Künstlernatur merkte es zu spät. Allmählich wurde seine konsequente Haltung den Verantwortlichen gefährlich; wenn er wetterte, spottete und Gedanken wie den folgenden ungeniert in die Menge schleuderte: »Solange es Gaunerei gibt, gibt es dafür kein Pardon in meinem Werk.«

Majakowskij hatte im Sinne *seiner* Revolution den poetischen Wortschatz bereichert, demokratisiert, den Satz dynamisiert, rhetorisch wirksame Techniken, Bilder und Reime erfunden, und alles in äußerster Konzentration, kurz und bündig, mit poetischem Schwung und pragmatischer Bedeutung. Die Literatur, die Majakowskij schuf, gab es so vor ihm nicht und nach ihm auch nicht. Er war immer der erste und der letzte. In der erotischen Lyrik, der propagandistischen Polemik, in parodistischen Bühnenstücken, in der Beschimpfung des Publikums wie der Obrigkeit. Er hätte gern das *omen* seines Namens erfüllt: Majak – russ., Leuchtturm, Leuchtfeuer, Leuchtschiff, Einweiser, Wegweiser. So hatte er seine Rolle in der Revolution verstanden.

Majakowskij wollte sich nicht von der Zeit tragen lassen, sondern die Zeit tragen. Dazu brauchte er eine eigene Poetik und eine »Quintessenz der Tatsachen«, überraschend und präzis. Pasternak fand das »vermessen und dämonisch«, aber er bewunderte es, zumindest zunächst, eindeutig. Die Disharmonie kam jedoch bald zur Sprache. Majakowskij zu Pasternak: »Sie lieben den Blitz am Himmel, ich den im Bügeleisen.« Der Utilitarist Majakowskij reklamierte zwar eine »Poesie des gesunden Menschenverstandes« (O. Mandelstam), war aber zugleich Emotionalist, Maximalist und Extremist, was ihm den Kampf gegen die Herausgeforderten nicht leicht machte. Der ›Befehl Nr. 2 an die Armee der Kunst‹ (S. 123), im Geiste der LEF geschrieben, war Lebensprogramm, eine »Poesie des einzelnen Worts« (R. Jakobson). Diese Poesie war Explosion; und Explosionen sind kein Dauerzustand.

BRODSKIJ

Iossif Aleksandrowitsch Brodskij, geboren am 24. Mai 1940 in Leningrad, Vater Fotoreporter, Mutter Übersetzerin, unterbrach mit 15 Jahren eigenmächtig »aus Langeweile« die Schule, ließ sich als Heizer zur See anheuern, nahm an einer geologischen Expedition teil und übte »mehr als fünfzehn Jobs« aus. »Ich war ein störrisches Kind mit einem früh ausgeprägten Hang zur Rebellion ... halsstarrig.« Sprach- (Englisch, Polnisch), Religions-, Philosophie- und Literaturkenntnisse erwarb sich Brodskij als Autodidakt. In Geschichte unterrichteten ihn, den Zögling des »Tau-

wetters«, der Generation 56, die Vorkommnisse in Ungarn, der
»Prager Frühling« und der »Polnische Oktober«. Sie erfüllten ihn
mit »Schmerz und Scham ... Es war nicht nur eine Tragödie ... es
hatte auch metaphysische Züge.«

Gedichte zu schreiben begann er 1958. 1959 kamen seine Samis-
dat-Typoskripte in Umlauf. Anna Achmatowa zeigte sich 1962 von
seinem Talent angetan. Er erregte Neugier, leider auch beim Staats-
sicherheitsdienst. Es war die Zeit der wachsenden antisemitischen
Hetze. Auf die amtliche Frage nach dem Beruf gab er sein »gott-
gegebenes Dichtertum« an und wurde deshalb von einem Leningra-
der Gericht als »arbeitsscheuer Rowdy«, als »Drohne« und »Para-
sit der Gesellschaft« in einem aufsehenerregenden Prozeß 1964 zu
fünf Jahren Arbeitslager verurteilt. Proteste aus In- und Ausland
zwangen das Gericht, ihn nach achtzehn Monaten 1965 freizulas-
sen. Fortan lebte er von Übersetzungen aus dem Englischen, Pol-
nischen, Serbokroatischen. 1965 erschien der erste Band seiner
Gedichte auf Russisch in den USA. 1971 wählte ihn die Bayerische
Akademie der Schönen Künste zum Mitglied. Die Sowjets fühlten
sich international herausgefordert, bürgerten Brodskij aus und
schoben ihn 1972 in den Westen ab. Es herrschte der harte Kurs von
Leonid Breschnjew, dem Brodskij am 4. Juni 1972 einen Brief
schrieb: »Ich fühle Bitterkeit beim Verlassen Rußlands. Ich gehöre
zur russischen Kultur. Ich fühle mich als ein Teil von ihr, als eines
ihrer Elemente, und kein Ortswechsel kann die letzte Konsequenz
dieser Tatsache beeinflussen. Eine Sprache ist älter und naturgemä-
ßer als ein Staat. Ich gehöre zur russischen Sprache.« (Deshalb
zeichnen wir die russisch geschriebenen Gedichte russisch mit Iossif
Brodskij. Die später englisch geschriebenen Essays des Bürgers der
USA werden berechtigterweise mit Joseph Brodsky signiert.)

1973 war Brodskij zu einem Autorenabend Gast der Bayerischen
Akademie der Schönen Künste in München. (Seine ersten deut-
schen Übersetzungen, darunter auch die ›Große Elegie für John
Donne‹, waren bereits 1965 in der Nr. 5 der ›Akzente‹, Carl Han-
ser Verlag, in der Übersetzung von Karl Dedecius erschienen.)

Brodskijs Exil begann 1972 in Wien, wo ihn W. H. Auden betreu-
te, führte dann nach London und schließlich in die Staaten, auf
Einladung der Universität Michigan in Ann Arbor, zu Vorlesungen
über slawische Literatur. Später dozierte er auch an der Columbia
University in New York und an der Universität in Yale, die ihm 1978

die Ehrendoktorwürde verlieh. Amerikanischer Staatsbürger wurde Brodskij bereits 1977. 1979 wurde er Mitglied der American Academy of Arts and Letters, trat aber nach der Aufnahme Jewtuschenkos im Januar 1987 ostentativ aus. Brodskij suchte in Amerika das freie Land der ihm aus der Literatur bekannten Sprache von Robert Frost und William Faulkner, und er fand eine »oberflächliche Ideologie des freien Marktes«, den Mythos der egozentrischen Selbstverwirklichung, die »Flucht vor der Geschichte in die Anthropologie« (Brodskij in der polnischen Zeitschrift ›2B‹ Nr. 7–9, 1995). »Der Mensch ist kein gelungenes Werk der Schöpfung«, trotz Bibel, Kunst der Antike, Philosophie und technischem Fortschritt.

Unter den Brodskij verliehenen Preisen seien der McArthur Award 1981 und *last but not least* der Nobelpreis für Literatur 1987 erwähnt. Brodskij starb nach mehreren Herzinfarkten am 28. Januar 1996.

Brodskij übersprang die Literatur der Sowjetära, als hätte es diese nie gegeben, und knüpfte unmittelbar bei der Weltklassik und der klassischen Moderne an, bei Achmatowa, Mandelstam, Pasternak. Er griff zurück auf die Reflexionsdichtung eines John Donne (1572–1631) und er blieb in der Tradition der großen russischen Pessimisten von ›Verbrechen und Strafe‹. So entstanden aufsehenerregende Elegien, Sonette, Zyklen, nachdenkliche Stimmungsgedichte, Lieder, biographische und literaturkritische Essays, die seinen Ruhm begründeten, als Meister der hohen Form und der weltumspannenden Themen der Menschheit – so wie in der ›Großen Elegie für John Donne‹ (S. 200). Das Gedicht war ein Dammbruch, eine unerhörte Abbreviatur der Dingwelt *sub specie aeternitatis*: Hier wird das gegenständliche Diesseits mit dem inspirierten Jenseits in der Umarmung des Schlafs zu einem metaphysischen Ereignis erhoben, anknüpfend an die englische »metaphysical poetry«, anknüpfend aber auch an ein Phänomen der russischen Literatur, die auffallende Häufigkeit, den Reichtum der Nuancen, die in vielen Werken das Thema »Schlaf« auszeichnen. Das beginnt mit Rebellen der Romantik wie Lermontow, die im Schlaf Freiheit und Frieden suchten, den »Traum der Vergessenheit«: »Aber nicht den kühlen Schlaf im Grabe .../Schlafen möcht ich ewig doch bewußt,/Daß der Busen Lebenskräfte habe,/Daß sich atmend wölbe still die Brust ...« Es setzt sich fort bei den Imaginisten, so bei dem

Traumbildmaler Jessenin: »Doch ich mag dieser Stadt Ligaturen,/Und seien sie alt und schlaff./Auf den Kuppeln da schlafen die Spuren/Asiens goldenen tiefen Schlafs ...« (S. 99)

Auch in der klassischen russischen Prosa spielte das Thema in Variationen eine tragende Rolle: I. A. Gontscharow (1812–1891) entwirft mit seinem schlafsüchtigen Faulpelz Oblomow, der Zentralfigur, eine zeitkritische Charakterstudie; auch in Turgenjews realistischer Prosa kreist die Darstellung der Gegenwartsprobleme Rußlands um das Thema »Schlaf«. Vom Standpunkt eines Adligen und überzeugten »Westlers« aus erscheint ganz Rußland – mitten im Leben – von einem ohnmachtsähnlichen Schlaf befangen: »Alles schläft: überall, im Dorf, in der Stadt, im Fuhrwerk, im Schlitten, am Tag, in der Nacht, sitzend, stehend – der Kaufmann schläft und der Beamte. Der Wächter in seinem Turm schläft in der Kälte des Windes und in der Hitze des Sommers. Und der Angeklagte schläft und der Richter schlummert. Die Bauern schlafen einen Todesschlaf, sie ernten, sie pflügen, sie schlafen, sie dreschen das Getreide und schlafen immer noch, Vater, Mutter, Kinder – alle schlafen! Der eine, der schlägt, und der andere, der sich schlagen läßt, schlafen auch. Nur die Schnapsschenke wacht mit immer offenen Augen! Mit seinen fünf Fingern einen Schnapskrug umklammernd, schläft mit der Stirn am Nordpol und mit den Füßen am Kaukasus unser Vaterland seinen ewigen Schlaf, unser Vaterland, das heilige Rußland.«

Ganz anders bei Brodskij. Ihm gelingt es, den Bogen über Jahrhunderte und Länder hinweg zu schlagen: die irdische Dingwelt des Diesseits und die mystische Geisterwelt des Jenseits mit dem Faden der Poesie und des Glaubens zu einem Geheimnis aneinanderzubinden. »Schlaf, schlaf, John Donne. Schlaf tief, und quäl dich nicht.« (S. 206)

AJGI

Gennadij (tschuwaschisch Hunnadi, »Sohn der Hunnen«) Ajgi (tschuwaschisch »Derselbe«) ist am 21. August 1934 im Dorf Schajmurshino, Kreis Batyrjew, an der mittleren Wolga als einer der 1,5 Millionen Bürger der Autonomen Tschuwaschenrepublik geboren. Zu publizieren fing Ajgi im Jahre 1949 an. Dank seiner

Begabung kam er 1953 an das Moskauer Literarische Institut, wo
er Vorlesungen von Schklowskij (Literaturtheorie), Asmus (Logik),
Bondi (Geschichte der russischen Literatur) hörte und an den
Seminaren von Swjetlow teilnahm. Sein Gedichtmanuskript wurde
als Diplomarbeit vom Wissenschaftlichen Rat des Instituts verwor-
fen, worauf sein ihn hochschätzender Lehrer, der Dichter Michail
Swjetlow, ostentativ das Institut verließ. »Diplom-Dichter« wurde
Ajgi dann mit einer Übersetzung von Aleksandr Twardowskijs
Erzählgedicht ›Wassilij Tjorkin‹.

1956 lernte Ajgi Pasternak kennen, der ihm moralisches Vorbild
wurde und bis zum Tode Freundschaft bewahrte. 1958 erschien
Ajgis erster Gedichtband auf Tschuwaschisch. Nach Absolvierung
des Instituts bereiste Ajgi 1959 Sibirien und den Altai, Südrußland
und 1962 Dagestan.

Seit 1960 schreibt Ajgi russisch, durfte allerdings seine Gedichte
in Rußland lange Zeit nicht publizieren. Er verlor auch, vorüberge-
hend im Majakowskij-Museum beschäftigt, seinen Arbeitsplatz
und lebte daraufhin jahrelang mehr schlecht als recht von Überset-
zungen französischer, polnischer und italienischer Lyrik ins Tschu-
waschische. Seine Anthologie französischer Lyrik ›Die Dichter
Frankreichs‹ (vom 15. bis zum 20. Jahrhundert, Gedichte von 77
Dichtern von Villon bis Bonnefoy), Ende 1968 im Tschuwaschi-
schen Staatsverlag erschienen, fand ein breites positives Echo so-
wohl in der sowjetischen als auch in der französischen Presse. ›Le
Monde‹ nannte Ajgis übersetzerische und herausgeberische Lei-
stung »ein glückliches Wunder«, und die Académie Française zeich-
nete sie mit einem Preis aus. Nichtsdestoweniger blieben Ajgis eige-
ne Gedichte, von seinen Lehrern (Swjetlow) und Kollegen (Achma-
dulina) mit höchstem Lob bedacht, im Lande unbekannt, weil – von
wenigen Ausnahmen abgesehen – ungedruckt. Zunächst nahm sich
das Ausland (Polen, Tschechoslowakei, Bundesrepublik Deutsch-
land, Ungarn, Jugoslawien, Frankreich, Südamerika) des jungen
Lyrikers an und sorgte für eine teilnahmsvolle, wenn auch geringe
Resonanz. 1991 wurde zum ersten Mal ein Werk Ajgis in Rußland
veröffentlicht. 1993 wurde Ajgi der Petrarca-Preis verliehen.

Der Lyriker Ajgi beeindruckt als Sonderfall eines Andersdenken-
den, aber in erster Linie und vor allem als Poet. Die Sprache seiner
ersten Gedichte, das Tschuwaschische, gehört zu jenen Sprachen

kleiner Reichweite, an denen die riesige Sowjetunion so reich war. Die Namen dieser Sprachen, Adygeisch, Burjatisch, Chantisch, Darginisch, Ewenkinsch, Kumykisch, Lesginisch, Nanaisch, Tatisch, Uigurisch, sind außerhalb der Grenzen der Sowjetunion fremd geblieben – und ihre Literaturen erst recht. Zu Zeiten der Sowjetunion schrieb der Lyriker Ajgi also außerhalb der scheinbar monolithischen Mitte, am Rande ihrer Sprache und Grenzen, und seine Gedichte waren ein Phänomen der äußersten Nonkonformität. Sie sind es noch heute. Man muß sie als solches zur Kenntnis nehmen. Als schwache, zerbrechliche Flötenstimme innerhalb eines Chorus von Pauken und Trompeten. Als Komplementärfarbe zu einem Einheitsbild. Keine Agitation, kein Ausdruckstanz, keine Bildungsdichtung, sondern ein äußerst sublimer und intimer Rechenschaftsprozeß, der von sehr komplizierten Zuständen Zeugnis ablegt, einem »absolut-zwingenden« Willen gehorchend.

Ajgis Dichtung ist aufgewachsen im Grenzland einiger Kulturen, mehrerer Sprachen, verschiedener Symbole. Ein paar Wurzeln seiner poetologischen Herkunft hat Ajgi in den autobiographischen Aufzeichnungen selbst aufgedeckt: Majakowskij, Chlebnikow, Nietzsche, Baudelaire, Wolker, die tschuwaschische Volksdichtung. Interessant – weil besonders aufschlußreich – ist zudem eine häufige Hinwendung zu den Gedankengängen und zur Malerei des Suprematisten Kasimir Malewitsch. Malewitsch stellte die gegenständliche, zersplitterte, praktisch-wissenschaftliche Welt der ungegenständlichen, übergeordneten (suprematistischen) Welt des Künstlers gegenüber. Hinter seinen radikal abstrakten Bildern steht der Gedanke, daß Ideales nur in der Gegenstandslosigkeit zu erreichen, daß die suprematistische Kunst demzufolge eine Kunst der reinen, unverfälschten Erkenntnis ist.

So wie Malewitsch hat auch Ajgi eine ernste, fast priesterliche Einstellung zu seiner Kunst, die sich als Pflicht zur absoluten Form versteht. Ihre Reflexe und Reflexionen sind transzendent, sind »Ikonen« eines Bewußtseinszustandes, der Zwischenzeichen ist, wie ein Uhrzeiger in der Bewegung – zwischen den Sekunden. Malewitsch wollte alles zu einem »farbigen Glühen« bringen, Ajgi zu einem »sprachlichen Glühen«. Malewitschs Malerei ist ikonographisch, Ajgis Lyrik liturgisch. Malewitschs Grundsymbol ist das Quadrat, Ajgis Hauptfigur das Kreuz.

Vor diesem Hintergrund läßt sich die besondere Qualität von

Ajgis Bildern und Metaphern begreifen. Sie stammen einerseits aus
Ajgis starker Bindung an seine Heimat, stehen im Kontext des
Heimischen, des »Hier«; sie sind andererseits Zeichen – *Hierogly-
phen* – der Ewigkeit. Das macht Ajgis Duktus biblisch, magisch.
Begriffe und Dinge sind in einer so gearteten Phantasie und in einem
schwebenden Bewußtsein niemals scharf voneinander abgegrenzt,
»ausgemacht«, »dingfest«, sondern unbegrenzt und dunkel. Die
Bilder aus den Kindheitserinnerungen – »Zweig«, »Kragen«, »Flos-
se«, »Schlitten«, »Rücken«, »Hals« – gleichen Zauberwörtern. So
auch das »Feld«, ein Zentralbild fast aller Gedichtzyklen Ajgis:
Auch dieses Bild ist *Hieroglyphe,* ein Doppelgänger-Wesen aus
konkreter, sinnlicher Erscheinung und (quasi-platonischer) Idee:
So stehen hinter Ajgis Feldern durch und durch konkrete Orte,
geographisch bestimmbar und real erfahren: »Eins meiner ›Felder‹
habe ich den Gott-Brennpunkt genannt. Dieser Ort befindet sich
sieben Kilometer vom tschuwaschischen Dorf Schigaly entfernt.
Ich erinnere mich stets tief bewegt an diesen meinen äußerst be-
stimmten *Ort* auf Erden.« Gleichzeitig aber ist das Feld auch
Urwort der geistigen Freiheit, eine Bedeutung, die ihren Ursprung
in tschuwaschischen Gebettexten hat. Wie grundlegend auch diese
Bedeutung des »Feldes« ist, macht ein Kindheitserlebnis Ajgis
deutlich: »ein Kindheitserlebnis von sehr starkem Eindruck: ich
wurde einmal um Mitternacht wach und sah meine Mutter – die
kurz davor in einen Zwischenfall verwickelt, Verleumdungen aus-
gesetzt war – Beschwörungen aufsagen, in denen sie auf ihr *reines
Feld* schwor. Zuletzt war meine Mutter orthodox gläubig.«
   In der modernen russischen Lyrik ist Ajgi nicht der einzige, der
auf so geartete Zeichen, Hieroglyphen zurückgreift. Ähnlich ist
auch Iossif Brodskijs Anknüpfen an die englische »metaphysical
poetry« zu verstehen: Zu »conceits«, zu hieroglyphenartigen Bil-
dern, fügen sich in Brodskijs weltlichen Elegien Pathos und All-
tagssprache, Sinnliches und Geistiges zusammen. Während aber
bei Brodskij das Geistige primär im Dinglichen zu Hause ist, findet
es bei Ajgi seine Erfüllung im Über-Dinglichen.

Anmerkungen zu den Gedichten

S. 13 *Tschaadajew, Pjotr Jakowlewitsch (1794–1856)*, in der Jugend Husarenoffizier, als Schriftsteller Begründer einer russischen Geschichts- und Kulturphilosophie, Wortführer der »Westler« gegenüber den Slawophilen. Das Rußland des Nikolaj I. (1825–1855) kritisierte er scharf, weshalb er offiziell für geisteskrank erklärt und unter ärztliche und Polizeiaufsicht gestellt wurde. Puschkin lernte ihn 1816 kennen und stand politisch an der Seite des liberalen Freundes. Das Gedicht ›An Tschaadajew‹ wanderte vervielfältigt von Hand zu Hand und wurde von den Geheimgesellschaften als Aufruf zum Sturz der zaristischen Autokratie genutzt.

S. 14 *Wjasemskij, Pjotr Andrejewitsch Fürst (1792–1878)*, war Beamter und Hofmann, Lyriker und Kritiker; seine Dichtungen, Epigramme und Satiren verbinden romantische Traditionen mit oppositioneller Aufklärung. Die politische Protesthaltung des Fürsten teilten viele Dichter der Zeit, auch Puschkin. Das vorübergehende Amt (1856–1858) als oberster Zensor brachte Wjasemskij 1860 in Konflikt mit den radikalen Demokraten. Ab 1863 lebte er vorwiegend im Ausland. Der geborene Moskauer starb in Baden Baden.

S. 16 *Uschakowa, Jekaterina (1809–1872)*, war die älteste Tochter einer bekannten Moskauer Familie. Ihr Salon, ihre Gastfreundschaft und ihr Geist waren Anziehungspunkt für Künstler und Intellektuelle, so auch für Puschkin, der ihr mehrere Gedichte gewidmet hat.

S. 17 *26. Mai 1828*, Puschkins Geburtstag.

S. 34 ›*Am 11. Juni des Jahres 1831*‹ hielten Maxim Gorkij und einige Literaturhistoriker für eines der bedeutendsten Gedichte der frühen Periode. Die Frau, an die sich L. mehrmals wendet, ist Natalja Fjodorowna Iwanowa, Tochter des Dramatikers F. F. Iwanow, der L. 1830–1832 mehrere Gedichte gewidmet hatte.

S. 45 ›*Romanze für I…*‹ Adressatin ist N. F. Iwanowa. Das Gedicht nahm L. später in das Drama ›Ein sonderbarer Mensch‹ auf.

S. 46 ›*Geschieden leben und in Trennung sterben*‹, geschrieben nach dem Tode des Vaters am 1. Oktober 1831. Kurz davor schrieb dieser im Brief an den Sohn: »Ich danke dir, mein allertreuester Freund, für deine Liebe und zärtliche Zuwendung, die ich, wenn auch des Trostes beraubt, mich deiner Gegenwart zu erfreuen, an dir beobachten konnte. Die Gründe unserer Trennung sind dir bekannt und ich bin gewiß, daß du sie mir nicht zum Vorwurf machen wirst. Ich wollte dich im Besitz eines Vermögens erhalten (das die Großmutter besaß), wenn das auch mit empfindlichen Entbehrungen verbunden war ...«

S. 49 ›Töne‹ widmete L. dem bekannten Moskauer Gitarristen M. T. Wysozkij, mit dem er 1830 öfter zusammenkam, nach einem von dessen Konzerten.

S. 50 ›Mein Dämon‹ ist eine von mehreren Bearbeitungen des Themas, das L. 1841 zum Poem ›Dämon‹ ausbaute. Das Poem war in Rußland bis 1860 verboten, es erschien gedruckt in zwei Ausgaben 1856 und 1867 in Karlsruhe und in Berlin.

S. 53 ›Ich seh das Morgen‹, geschrieben 1837/1838 nach der Verbannung in den Kaukasus.

S. 54 ›A. I. Odojewskij zu Gedenken‹, mit dem Dekabristen Fürst Aleksandr Iwanowitsch Odojewskij (1802–1829), den der Zar 1825 nach Sibirien und später als Gemeinen in den Kaukasus verbannen ließ, diente L. 1837 zusammen in einem Regiment. 1839 starb O. an der Fieberepidemie, während L. in Petersburg war.

S. 57 ›An A. O. Smirnowa‹, Aleksandra Ossipowna Smirnowa, geb. Rosset, hatte einen literarischen Salon, in dem Schukowskij, Puschkin, Gogol und viele andere Schriftsteller zusammenkamen. Das Gedicht trug L. ins Album der Gastgeberin ein.

S. 59 ›Tamara‹ folgt einer grusinischen Legende aus dem 12. Jhd. L. hatte sich als »Gefangener im Kaukasus« der Folklore und Geschichte Kaukasiens mit Sympathie zugewandt.

S. 61 ›Ich rede, niemand hört mir zu‹, wahrscheinlich 1835/36 in St. Petersburg geschrieben.

S. 62 ›Abschied‹, geschrieben im April 1841 vor L.s Abfahrt aus St. Petersburg in die kaukasische Verbannung. Die kaukasische Landschaft war L. schon aus seiner Kindheit (Ferien mit der Großmutter) bekannt. »... ihr blauen Berge des Kaukasus. Ihr wiegtet meine Kindheit; ihr habt mich auf eurem wilden Gebirgsrücken getragen, habt mich in Wolken gekleidet und mir den Himmel vertraut gemacht, seitdem träume ich nur noch von euch und vom Himmel ...« (1830). »Bergluft ist für mich wie Balsam, der ganze Weltschmerz geht zum Teufel ... man ist wunschlos glücklich« (an den Freund Stanislaw Rajewski, der in den Norden verbannt worden war).

S. 65 Skythen, die von Herodot so genannten, hauptsächlich mongolischen Stämme des Nordostens jenseits Indiens, des Irans, des Kaukasus und des Schwarzen Meeres (Massageten, Saken, Sarmaten, Skoloten). Die S. wurden von einer Dynastie von Reiterkriegern beherrscht und betrieben als nomadisierende Steppenbewohner meist Viehzucht. Besonders in Erscheinung getreten sind sie im ersten Jahrtausend v. Chr. Um 500 v. Chr. stießen sie bis nach Schlesien und in die Lausitz vor, was Goldfunde und die den S. eigenen dreiflügeligen Pfeilspitzen bezeugen. Nicht einmal Dareios I. (513/512 v. Chr.) hatte sie besiegen können. Um 100 v. Chr. beherrschten sie die osteuropäischen Steppen. – *Lissabon*, Portugals Hauptstadt, wurde zweimal, im 14. und im 18. Jhd., durch gewaltige Erdbeben zerstört, ähnlich wie – *Messina*, die antike Kolonie im Nordosten Siziliens 1908. – *Paestum*, südöstlich von Salerno, wurde 871 von den Sarazenen, im 11. Jhd. von den Normannen in Schutt und Asche gelegt. Die Ruinen der Stadt wurden erst im 18. Jhd. wiederentdeckt.

S. 130 *Nebukadnezar*, König der Babylonier, der nach biblischer Überlieferung der Sprache beraubt und in ein Tier verwandelt worden war. – *Zuckkoop*, in der Nähe des Puschkindenkmals befand sich ein Laden der Zucker-Kooperative mit einem blauen Schild, auf dem ein Zuckerhut und orangefarbene Strahlen dargestellt waren.

S. 131 *Red und White Stars,* »Red Star« und »White Star«, zwei große Schiffahrtslinien. Anspielung auf die von Majakowskij geplante Amerikareise 1924, für die er das Einreisevisum in die USA nicht bekommen hatte.

S. 132 *EXEKOM*, zentrales Exekutivkomitee der Sowjets.

S. 133 *Nadson*, Dichter, Zeitgenosse von Majakowskij.

S. 134 *Njekrassow, Gjerassimow, Kirillow, Rodow, Dorogojtschenko,* Dichter, Zeitgenossen von Majakowskij.

S. 135 *Besymjenskij, Assejew,* Dichter, Zeitgenossen von Majakowskij. – *LEF*, Abkürzung für Linke Front der Künste (ab 1927 Neue LEF), Literatengruppe, der Majakowskij bis 1928 vorstand.

S. 136 *GUM*, Abkürzung für Staatliches Universal-Magazin, Großkaufhaus am Roten Platz in Moskau. – ›*Poltawa‹*, Puschkins Dichtung vom Sieg Peters I. – *Pljuschkin*, greiser Gutsherr aus Gogols ›Die toten Seelen‹: »Er tauchte also die Feder ins Tintenfaß mit der verschimmelten Flüssigkeit, in der eine Menge Fliegen herumschwammen, und begann zu schreiben ...« (I. Teil, Kap. VI) – *Djerschawin*, nannte den sechzehnjährigen Puschkin seinen »heranwachsenden Nachfolger«. – *Neger,* Puschkins Urgroßvater wurde in Abessinien geboren.

S. 137 *d'Anthès*, Baron G. Ch. d'Anthès-Heeckeren, Offizier der Leibgarde Nikolajs I., verwundete Puschkin im Duell tödlich. – *Sklave der Ehre,* erste Zeile des Lermontow-Gedichtes auf Puschkins Tod ›Der Tod des Dichters‹.

S. 138 *Twerskoi-Boulevard,* bis 1949 Standort des Puschkindenkmals. Heute steht das Puschkindenkmal im Zentrum des Puschkinplatzes.

S. 139 ›*Sendschreiben an die proletarischen Dichter*‹, am 13. Juni 1926 in der ›Komsomolskaja Prawda‹ gedruckt als Antwort auf ein ebenda am 6. Juni erschienenes Gedicht von Besymjenskij: ›Ode auf die Bescheidenheit‹, worin Majakowskij Selbstreklame vorgeworfen wurde. – *Besymjenskij* (Aleksandr), *Utkin* (Iossif), und *Swjetlow* (Michail) repräsentierten damals die jüngste Generation in der neuen sowjetischen Lyrik. – *Lunatscharskij* (Anatol W.), damals Volkskommissar für Bildungswesen, eifriger Protektor der jungen sowjetischen Dichtkunst.

S. 141 *Wächter,* Mitarbeiter der Zeitschrift ›Na Postu‹ (›Die Wacht‹).

S. 146 ›*Gespräch mit dem Steuerinspektor über die Dichtkunst*‹, geschrieben im Mai 1926. In den zwanziger Jahren, während der NÖP-Periode (Neue Ökonomische Politik), wurden die Dichter als freiberuflich Tätige zusammen mit den übriggebliebenen Privatunternehmern von eigenen Steuer- oder Finanz-Inspektoren veranlagt. Majakowskijs Gesuch wurde von der Finanzkommission geprüft und für stichhaltig befunden. »Der Steuerschuldner hat tatsächlich hohe Produktionskosten zu bestreiten.« Das Finanzamt gewährte daraufhin einen Steuernachlaß von 30%.

S. 150 *ein Pud Salz vertilgen,* russische Redewendung, soll das Schwierige, fast Unmögliche versinnbildlichen.

S. 153 *Lichtmeer am Broadway,* »Licht der Laternen, Licht der Leuchtreklamen, Licht wetterleuchtender Vitrinen und Schaufenster immer offener Kaufläden, Scheinwerferlicht vor Riesenplakaten, Licht aus geöffneten Türen der Kinos und Theater, fahrendes Licht der Autos und Licht der ›elevators‹, die im Gehsteig unter den Füßen mit Glasfenstern schimmern, Licht von Zügen der U-Bahn, Licht der Reklametexte auf dem Nachthimmel. Licht, Licht, überall Licht« (Majakowskij, ›Meine Entdeckung Amerikas‹). – *Bagdadi,* Winzerdorf in Transkaukasien, Geburtsort Majakowskijs, 1940 in Majakowskij umbenannt.

S. 165 ›*Nach Hause!*‹ wurde um die Jahreswende 1925/26, nach M.s Rückkehr von der Amerika-Reise (Ende November 1925), vollendet.

S. 167 *Staatsplan,* Abkürzung für Staatliche Plankommission.

S. 168 *Stalin im Namen des Politbüros,* im Dezember fand der 14. Parteitag der Kommunistischen Partei der Sowjetunion statt, auf dem Stalin den Bericht des Zentralkomitees erstattete.

S. 169 ›*Nachruf auf Sergej Jessenin*‹, der Dichter Jessenin (geb. 1895) beging am 28. Dezember 1925 Selbstmord. Gleich nach diesem Ereignis, das großes Aufsehen erregte, begann Majakowskij seinen Nachruf, arbeitete allerdings bis in die zweite Märzhälfte 1926 daran. Die Entstehung dieses Gedichtes ist in seinem Aufsatz ›Wie macht man Verse‹ ausführlich beschrieben. Es ging ihm darum, einerseits die unsachliche Kritik seiner eigenen Parteifreunde zurückzuweisen, die über den immerhin bedeutenden Jessenin hergefallen waren – und andererseits die gedankenlosen Bewunderer dieses Dichters lächerlich zu machen. – *Ohne Kneipe, ohne Vorschußgeld,* in beider Hinsicht war Jessenin gegen das Ende seines Lebens heruntergekommen. – *die Hand …Knochen-Sack-und-Pack,* Jessenin hatte sich die Pulsader aufgeschnitten und sich dann erhängt.

S. 170 ›*Wacht*‹, die Zeitschrift ›Na Postu‹, Organ der Russischen Assoziation Proletarischer Schriftsteller (RAPP), der Gegner Majakowskijs innerhalb des kommunistischen Lagers. – *Doronin, J.,* Autor des Poems ›Der Traktorist‹, gehörte der RAPP-Gruppe »Junge Garde« an. »Der Traktorist ist länger als der Weg zum Mond … Die viertausend Verszeilen verblüffen durch das Einerlei schon sechzehntausendmal dagewesener Wort- und Reimlandschaften …« (Majakowskij in ›Wie macht man Verse‹).

S. 171 *hätt das Hotel Tinte gehabt,* Jessenin schrieb sein letztes Gedicht mit dem Blut aus der durchschnittenen Vene, im Hotel »Angleterre« in Leningrad.

S. 172 *Gedächtniskäfig,* Anspielung auf Gogols ›Revisor‹, wo im I. Akt, 5. Szene, der Polizeimeister sagt: »Was ist das für eine garstige Stadt: kaum stellt man irgendwo ein Denkmal oder nur einen Zaun auf, schon tragen sie weiß der Teufel woher allerlei Mist zusammen.«

S. 173 *Leonid von Lohengrin,* Leonid W. Sobinow, bekannter Opernsänger, sang an einem Jessenin-Gedächtnisabend die Romanze ›Kein Wort, mein Freund‹ von Tschaikowskij. »Lohengrin« war eine der Glanzrollen Sobinows. – *Kogan, Pjotr S.,* Literarhistoriker und Kritiker, bis 1929 Präsident der Staatlichen Akademie der Kunstwissenschaften.

S. 175 *In diesem Leben stirbt man …,* eine Erwiderung auf die Schlußzeilen in Jessenins Abschiedsgedicht: »Sterben ist in diesem Sein nichts Neues,/Doch zu leben, wahrlich, auch nicht neu.« (vgl. S. 113)

S. 176 ›Krim‹, Erstdruck in der ›Komsomolskaja Prawda‹ Nr. 167 vom 25. Juli 1927. – Tschair, Sanatorium am Südufer der Krim, in dem Majakowskij im August 1926 Gast war.

S. 178 ›Erzählung des Gießers Iwan Kosyrjow vom Einzug in die neue Wohnung‹, geschrieben am 28. Januar 1928 in Swerdlowsk, veröffentlicht in der Moskauer ›Prawda‹ Nr. 42 vom 18. Februar desselben Jahres. Während seines Aufenthaltes in Swerdlowsk, wo Majakowskij vom 26. bis 29. Januar Lesungen hatte, übersiedelten die Arbeiter eines Werkes aus den Jekaterinenburger Baracken in einen Neubau in der Leninstraße. Majakowskij besichtigte diese Wohnungen.

S. 182 ›Zwiesprache mit dem Genossen Lenin‹, wurde Anfang 1929, zum fünften Jahrestag von Lenins Tod, für die ›Komsomolskaja Prawda‹ geschrieben und am 20. Januar veröffentlicht. Das angesprochene Lenin-Bild, das im Arbeitszimmer Majakowskijs hing (und jetzt in seiner Moskauer Museumswohnung zu sehen ist), zeigt Lenin während seiner Rede bei einer Massenkundgebung auf dem Swerdlowplatz in Moskau am 5. Mai 1920.

S. 186 ›Aus vollem Halse‹, das letzte Gedicht Majakowskijs, 1930 entstanden. Der Dichter nennt es ›Prolog eines Poems‹: es war gedacht als Einleitung eines großen Gedichtes zur Verherrlichung des Fünfjahresplans.

S. 200 John Donne (1572 – 1631), Dekan der Saint Paul's Cathedral in London, berühmter Prediger, bedeutendster der ›metaphysical poets‹. Seine weltlichen und geistlichen Dichtungen wirken durch Gedankentiefe und kühne Metaphorik.

S. 212 Juri Wolker (1900–1924), tschechischer Lyriker, französisch inspiriert (Dekadenz, sentimentaler Vitalismus), später proletarischer Dichter von Balladen, Märchen, Dramen und theoretischen Schriften.

S. 233 Konstantin Bogatyrjow (1925–1976), Germanist. Rilke-Übersetzer, Ajgis und der deutschen Literatur Freund, verbrachte fünf Jahre im Straflager, starb am 17. 6. 1976 in Moskau, seinen Verletzungen erlegen, die ihm Unbekannte vor seiner Wohnung durch Schläge mit einer Flasche auf den Kopf beibrachten.

Werkausgaben

Aleksandr Puschkin, Gesamtausgabe der Werke in 17 Bänden, Hg. Akademie der Wissenschaften 1937–1959. Nachdruck in 10 Bänden, Hg. M. Jeremin, Moskau 1981.

Michail Lermontow, Werke in 5 Bänden, Hg. Petersburger Akademie der Wissenschaften, 1911–1913.

Aleksandr Blok, Gesammelte Werke in acht Bänden (Zusatzband ›Notizbücher‹), Red. W. N. Orlow, A. A. Surkow und K. I. Tschukowskij, Staatsverlag für schöngeistige Literatur, Moskau, Leningrad 1963–1963 (1965).

Anna Achmatowa, Werke, Hg. G. P. Struve und B. A. Filippow, Inter-Language Literary Associates, o. O. 1967–1968 (Band 1–3), 1983 (Band 3, Zweite Auflage).

Sergej Jessenin, Gesammelte Werke in 10 Bänden, Moskau 1977–1980.

Wladimir Majakowskij, Werkausgabe in 13 Bänden, Moskau 1955. Neues über Majakowskij, Literarischer Nachlaß, Moskau 1958.

Iossif Brodskij, Gedichte und Poeme, New York 1965. Haltestelle in der Wüste, New York 1970. Ende der schönen Epoche, Ann Arbor 1977. Teil einer Rede, Ann Arbor 1977. Neue Stanzen an Augusta, Ann Arbor, 1983. Urania, Ann Arbor 1987.

Gennadij Ajgi, Stichi 1954–1971, Hg. Wolfgang Kasack, Verlag Otto Sagner in Kommission, München.

Quellenhinweise

Anna Achmatowa: Mit freundlicher Genehmigung von Natalia Gumiljejowa, 1993.

Gennadij Ajgi: Mit freundlicher Genehmigung von Gallina und Gennadij Ajgi. Übersetzungen Seite 211, 212, 213, 214, 215, 217, 219, 221, 222, 223, 224, 225, 228, 229, 230, 231 aus: Beginn der Lichtung, 1971. Mit freundlicher Genehmigung des Suhrkamp Verlages, Frankfurt a. M.

Iossif Brodskij: Mit freundlicher Genehmigung des Verlages Farrar, Straus and Giroux, New York. Die Übersetzungen basieren auf frühen, noch nicht kritisch edierten Fassungen.

Sergej Jessenin und Wladimir Majakowskij: Übersetzungen mit freundlicher Genehmigung des Verlages Langewiesche-Brandt.

Für die Abbildungen Seite 195 und 209 danken wir dem Zeichner Nikolaj Dronnikov, Ivry sur Seine.

Trotz aller Bemühungen konnten nicht alle Rechteinhaber ermittelt bzw. erreicht werden. Der Verlag verpflichtet sich, rechtmäßige Ansprüche jederzeit in angemessener Form abzugelten.

Inhalt

Die im Textteil sowie im Inhaltsverzeichnis mit * gekennzeichneten Gedichte tragen einen vom Herausgeber gewählten Titel.